アウトリーチ型支援と
集団精神療法

宮西照夫 Miyanishi Teruo

実践
ひきこもり
回復支援
プログラム

岩崎学術出版社

はじめに

この本は、ひきこもりに関する私の第二作目になります。第一作『ひきこもりと大学生』（学苑社）では、和歌山県立医科大学八年、国立和歌山大学三〇年、計三八年間にわたる教員生活で得た素晴らしい経験や自助グループ「アミーゴの会」の仲間たちと二〇〇二年に完成したひきこもり回復支援プログラムについて書きました。

今回の第二作は、二〇一二年に大学の職を辞し、初めての民間病院で悪戦苦闘しながら、ひきこもり回復支援プログラムを軌道にのせる過程で書き上げたものです。〝早く大学を卒業しろ〟と言い続けていた私自身が、三八年にしてようやく大学を卒業して社会の荒波に突入していきました。本文で詳しく述べますが、ひきこもり専門外来やショートケアなどを開始し、プログラムをより実践的に修正しました。

開始当初の一番の心配は、プログラムの中心となるメンタルサポーター（患者を支援する、ひきこもり等の経験がある若者ボランティア）を確保できるかどうかでした。幸運なことに和歌山大学時代のアミーゴ（仲間）がスタート時にサポーターとして協力してくれ、病院でプログラムを開始して数カ月後に自助グループ「フロイントの会」が立ち上がり、素晴らしい仲間フロイント（独語で仲間）が私をサポートしてくれるようになりました。

さらに、慢性の統合失調症の患者さんの治療やケア中心に働いていた病院の若手スタッフが、私の活動に協力してくれたことが、わずか半年足らずでプログラムを実践するシステムを病院を拠点に作り上げることを可能にしてくれたと感謝しています。

プログラム利用者の平均年齢は大学より五歳以上高くなり、またひきこもり期間も長くなりました。しかし、ショートケア開始時に母親に送り迎えされ、緘黙で五年以上ひきこもっていた若者が、半年後にショートケアで知り合った仲間と明るく話すようになったり、一年半後にはショートケアに参加した八割が仲間と協力してアルバイトや就活、そして専門学校や大学に通い始めました。

ひきこもりからの回復にはシステマティックな回復支援プログラムが必要であり、その中核をなすのは集団精神療法と自助グループであると確信しています。本書では私が「成長共同体」と呼ぶ、集団精神療法を含めたひきこもり専門のショートケアを中心に説明したいと思います。

目　次

はじめに　3

第1章　ひきこもる若者を理解する……13

Ⅰ　子どもの成長環境の変化──自由に遊ぶ場と時間を奪われた子どもたち　13

Ⅱ　青年期の心理特徴と特有の難しさ　14

1. 青年期の不安　14
2. 対人関係の不安　15
   眼差しへの恐怖　15／醜形恐怖　17

Ⅲ　大学生の不登校とひきこもり　18

1. 大学の大衆化と不登校　18
2. スチューデント・アパシー　19
3. アパシー的思考とひきこもり思考　20
4. 卒業を拒み続ける大学生　21
5. 社会的成熟を拒否する若者たち　24
   社会的ひきこもりと思春期やせ症　24／性のない存在への憧憬　24
6. よい子であり続けようとする子どもたち　25

Ⅳ　ひきこもりと行動化　26
1. 少年期と青年期前期の行動化の特徴　27
2. 家庭内暴力　28
3. 大人への第一歩　29

第2章　病院におけるひきこもり回復支援プログラムの実践……31

Ⅰ　はじめに　31
1. ひきこもり専門外来の概要と病院を訪れるひきこもり青年の特徴　31
2. ひきこもり専門外来の流れ　33
治療への導入　33／認知行動療法　33／集団精神療法　33／集団精神療法の進め方　34

Ⅱ　ステージ1（導入期）　36
1. 家族へのプログラムの具体的な説明　36
具体的な方策があることを伝える　36／ひきこもり期間によって異なる、家族に伝えるべき初期対応の基本　38／ひきこもり状態にいかに早く気づくか　40
2. 専門家による診たて　41
精神科医や精神保健の専門家による診断の必要性　41／ひきこもりと統合失調症——鑑別診断のポイント　43／ひきこもりと発達障害——鑑別診断のポイント　44／ひきこもりとパーソナリティ障害・不安障害——鑑別診断のポイント　46／ひきこもりとうつ病・双極性障害——鑑別診断のポイント　47

3. アウトリーチ——メンタルサポーターの派遣　51
ひきこもる若者と出会い治療の場に導入するまで　51／メンタルサポーターとの出会い　51／どうしても本人が治療の場に出てこない場合——医師の訪問は最後の手段　51／ひきこもる若者と出会うためのアウトリーチ活動　52
4. さまざまな状況下でひきこもっている若者へのアウトリーチ活動の実際　57
自宅でひきこもった学生や若者の場合　57／暴力への対応　59／中高生の不登校の場合　61／下宿でひきこもってしまった場合　62

Ⅲ ステージ2（治療期）　65
1. 個人精神療法　65
個人精神療法を行う際に考慮すべき社会的ひきこもりの精神・心理的特徴と社会的成熟度　66／幼児期の母子関係の重要性　69
2. 薬物療法の必要性　71
薬物療法による医療的後押しの必要性　72／薬物療法の効果　72
3. ショートケアと集団精神療法　76
4. 家族療法と家族会　77
家族療法の必要性　77／家族会への参加　79／兄弟との関係　80／精神療法家は家族と若者の間で中立であり得るか　81

Ⅳ ステージ3（仲間作り）　82
1. 居場所への導入　82

安心して群れる場と仲間作り　82／アミーゴの会からフロイントの会へ　85
2．さまざまな活動への参加　86
旅に出る——ショック療法としての国際ボランティア研修旅行　86／外国人研修生や留学生も参加しての交流キャンプ　88／ひきこもりの解決は若者の手で——メンタルヘルス研修会　89
V　ステージ4（社会参加）　91
1．社会参加への準備　91
2．ボランティア体験　92
3．アルバイト体験、就労支援　93
最初は単純なアルバイトから　93／お金は自分の手で得なければ自立できない　94
VI　ひきこもり回復支援プログラムに欠かせないメンタルサポーター　95
1．メンタルサポーターのはじまり　95
2．メンタルサポーター派遣まで　96
3．なぜ、メンタルサポーターがひきこもる若者に受け入れられるのか？　97
4．メンタルサポーターは優等生から養成できない　98
コラム●若者を支援する方へのメッセージ　池田裕亮（メンタルサポーター）　99
第3章　ひきこもりの集団精神療法——ショートケアと素晴らしい仲間たち……………101

Ⅰ　ひきこもり専門外来のショートケアとは　101
1．集団精神療法としてのショートケア　101
2．ショートケアのプログラム概要　102
3．ショートケアのメンバー　103
Ⅱ　ショートケアの仲間と歩んだ一年　109
春　110／夏　122／秋　132／冬　143
Ⅲ　素晴らしい仲間たちの一年後　148
Ⅳ　ショートケア一年を終わるにあたって　153
挫折　153／働くこと　153／完璧な生き方なんてありえない　154／再出発　155
コラム●開かれた扉　日下草一（ショートケアメンバー）　156

第4章　ひきこもりの長期化とネット依存……158

Ⅰ　ひきこもりとネット依存　158
1．ひきこもり外来に相談に来ることが多くなったネット依存の若者　158
2．ひきこもりとネット依存の現状　159
3．オンラインゲームにはまる理由――よりリアルであること　162

Ⅱ　ネット依存が引き起こす問題　163
1．ネット依存により生じる精神・身体的問題点　163
2．インターネットと犯罪　164
3．ネットゲーム中毒と事件　165
4．急がれるネット依存症の治療と対策　167

Ⅲ　なぜ、若者はネットに依存するのか　168
1．夢とヴィジョン、そして、バーチャル・リアリティ　168
2．拡大する日本の若者の違法（脱法）ドラッグへの依存　169
3．違法ドラッグの世界的な流行　169

おわりに　173
参考図書・文献　177
索　引　179

実践　ひきこもり回復支援プログラム

――アウトリーチ型支援と集団精神療法

第1章　ひきこもる若者を理解する

社会的ひきこもりは一九九〇年代に増加してきた、日本固有の若者の心の病理現象です。第1章では社会的ひきこもりに影響を及ぼす、子どもの成長過程での問題や若者の心理特徴について考えてみたいと思います。

I　子どもの成長環境の変化――自由に遊ぶ場と時間を奪われた子どもたち

小学生の頃、歩いて一五分ほどのところにある樹木に囲まれた神社でかくれんぼうや缶けりをしてよく遊びました。親からは暗くなるまでに帰りなさいと厳しく言われていたのですが、つい遊びに夢中になり額に汗をかき境内の中央に倒れこむと、あたりはすっかり暗くなり森の背景の深い闇に吸い込まれそうになって慌てて帰宅したことがよくありました。もちろん親に叱られました。また浜辺で流木をバットにして遊んだり、磯辺で焚火をして貝を焼いて食べました。そんな楽しい記憶があったので、小学生の子どもを連れて故郷に戻った時、浜辺で焚火をさせたところ、学校から呼び出しを受けたことがあります。危険だから焚火はダメだということでした。最近はキャンプに行っても火を起こせる若者、包丁を使える子どもが少なくなりました。安全教育は必要ですが、ここまで来ると少し首をかしげたくなります。子どもたちは冒険できなくなってしまったのです。

このように最近の少年期の子どもたちは、同性の仲間とつるんで冒険をして遊ぶ機会が奪われています。ひきこもる若者に、自然の危険から身を守ったり、日常生活に必要な初歩のスキルが身についていなかったり、また、友達との遊びや会話にスムーズに入ってゆくのが苦手なものが多くみられるのもこのことが一因となっていると思います。

少年期が終わると、一対一の親友関係を作る必要性に迫られ、そして同性の友人を窓口として社会に参加する思春期や青年期へと入ってゆきます。ひきこもる若者たちの中には、小学時代には仲の良い遊び友達がいたが、中高一貫の進学校に進学して以降まったく友達がいなくなったという若者が多くみられます。仲の良かった友達とは別の中学に進学したために生活環境が変わり、次第に話す機会も少なくなり、また進学校で勉強に追われ、悩みを相談する仲間がいなくなってしまったと言うのです。このように、進学が対人関係をスムーズに構築する妨げとなったケースを多く経験しました。進学によって、小学校時代の仲の良い友達との人間関係を分断されたり、勉強中心の生活を送ることで友達と遊ばなくなったりすることで、この時期に芽生える個人的親密さへの欲求がゆきどころを失ってしまうのです。

こうして生じる同性同輩との友情形成の失敗や不完全さは不安定な精神状態を引き起こします。その不安定さは、社会に入ってゆく際に対人関係で緊張や不安感を強め不登校やひきこもりを生じる一因となると考えられます。

Ⅱ　青年期の心理特徴と特有の難しさ

1．青年期の不安

青年期にはさまざまな不安が強くなります。その一つとして、心と身体の発達の乖離にまつわる不安があげられます。青年期までの発達の速度に極端な個人差が生じるため、強い不安状態に襲われることがよくあります。そして、近年の過剰な競争社会の影響から、大人たちが子どもの身体の発達や心理的（精神的）発達に過剰な興味を払うため、さらにこの不安を強化する結果となっています。後述する対人恐怖などと違い、この発達にまつわる不安は、なぜ不安かと尋ねられても答えに窮する漠然とした理由のない不安となって彼らを襲います。青年期まではこのような不安を内的に体験処理するだけの自我の力はないため行動に表れてきます。このような、不安の高まりと表面化する行動化とが青年期の特徴でもあります。

もう一つは、実存的不安の高まりです。この短い一生、後悔することなく生きるために今何をすべきか、自分の生き方はこれでいいのかといった不安に襲われます。背後にひかえる死という深い闇が、彼らの生きていることや存在感を根源から揺さぶるのです。この時、一時的に家にこもり内的世界に目を向け、この不安と向かい合うことは成長のために必要です。この健康なひきこもり状態から脱するためには、悩みを相談する仲間が必要となってきます。青年期に生じるひきこもりは、表面的には公共交通手段利用して学校や職場に向かう途中に、あるいは仕事や勉強を始めてから生じます。そして、その苦悩は閉所、視線、対人、会食恐怖などの形で表現されることが多くなります。しかも、その恐怖対象は多様です。しかしこの背景に、相談する仲間を求めることができずに行きどころを失った、青年期の漠然とした内的不安が重くのしかかっていることを考えることなくしてひきこもりの解決はありません。

2. 対人関係の不安

①眼差しへの恐怖

〝目は口ほどにものを言い〟との諺があるように、日本では対人交流の窓口は眼差しであると考えられています。眼差しには気持ちを相手に伝え、また逆に相手の気持ちを推し量る力があると信じていました。しかし困ったことに、この眼差しの力が青年期には悪い作用を及ぼすことがあります。視線が合った時に自分の恥じらう気持ちや、よこしまな意図が見抜かれてしまうと考えることがよくあるのです。

あるとき男子学生が、サングラスをかけて講義を聞いても叱らないかと訊きにきました。彼の視野が異常に広く、真横にいる受講生まで見えてしまう。別に見たくないのだが、周囲に座っている学生の姿、特に眼差しが視界に入ってくるので困る。そして、失礼だと思うと余計にジロジロその人を見てしまう。それで横に座っている学生が、彼の変な目つきをキモイと嫌がっているので落ち着いて授業を受けられないと悲痛な面持ちで訴えるのでした。相手が彼の視線を気持ち悪いと思っていると感じ始めて以来、授業に何カ月も出ていないとのことで、これ以上出席しないと留年してしまう、目のやり場がないので、サングラスをかけて授業を受けてもかまいませんかと訊ねに来たのです。

このように自分の視線が相手に嫌な思いをさせているとか、彼のように視野の異常を見抜かれて〝キモイ〟と思われているといったように、対人関係における苦悩に、眼差しが大きな役割を果たしていることがわかります。青年期には、自己評価を過剰に意識することから不必要に緊張し、どもったり、身体がふるえたり、顔が赤くなったり、目のやり場がなくなってしまうので苦しむことが多いのです。それで済めばいいのですが、さらにこんな情けない姿を見て相手が自分を軽蔑するであろうと惨めな気持ちにまでなります。それで、そんな姿を他人に見せまいと必死に頑張ろうとすると、余計に顔が赤くなったり、ふるえたりと悪循環を繰り返し、最悪の場合は外出すらできなくなりひきこもり状態に陥ってしまうことがあります。

このような状態を、精神医学では赤面、吃音、発汗、視線恐怖と呼んでいます。これらの恐怖症状は、これまで対人恐怖の枠で捉えられ、日本固有の恐怖症性障害と考えられてきました。対人意識が強くなり始める中学二、三年生時に始まり、三〇歳を過ぎると急速に症状が弱くなってゆきます。普通は、実際に赤面などすることはなく、赤面して相手に自分の気持ちを見抜かれることを恐れるのだと言われてきました。しかし、実際に赤面し、発汗するなど自律神経症状に苦しむ若者が多いのも事実です。また、この年齢の若者たちは、容貌などの特徴から「キモイ」などの残酷な言葉で人をいじめることも多く、それが心の傷となって対人関係に過敏になり、長く苦しみ続けてきたケースも多く経験しました。私の調査で、ひきこもる若者の二割弱は中学や高校でのいじめが契機となっています。しかも、最近ではネットでのいじめは年齢が高くなるほど増加し、リアルでのいじめより一層悪質で深刻となっています。

②醜形恐怖

対人恐怖症の人が、自分の身体のある特定部分の特徴を恥ずかしいと感じ、消し去りたいと強く思うことがあります。それが高じると醜形恐怖となります。自分の容貌や身体の一部分、人と接する際に最初にみられる外面的身体部分がおかしいため、人々に嫌われさげすまれると確信して他者と交際ができなくなるのです。赤面恐怖の人が実際には目立った赤面がみられないのと同じように、この醜形恐怖に陥る人も平均以上の美貌の持ち主であることが多い。ところが本人は、類を見ない醜さで人に嫌な思いをさせているとの妄想に近い確信をもっているのです。このように日本で私たちが経験するこれらの悩みの中心は、他者に与える不快感とそこから生じる対人関係の障害であると考えられます。一方、欧米では醜形恐怖は体のある部分の形状に理不尽こだわる強迫観念と捉える傾向が強くみられます。整形外科を何度も訪れる人も多いのですが、もちろん効果がないばかりか費用だけが増え、家族との関係が悪化するケースを多く経験しました。

体臭恐怖の人においても同様です。自分は異様な体臭を放っていて、相手が自分を避けようとしている。それが、表情や仕草、態度でわかるというのです。もちろん私たち医師も例外でなく、医師は早く自分に診察室から出て行ってもらいたいが我慢していると考えています。背景に相手に対する強い猜疑感が潜んでいます。この逆のケースもあります。私は外来で他者の空気が自分を汚染するので外出できないと訴える若者を治療したことがあります。もちろん私の空気も害を放っていると彼は確信していたのですが、仕方なく親に連れてこられた心優しい彼は、診察室から逃げ出したい気持ちを必死にこらえていたのです。

もちろん、容貌や体臭だけではなく、青年期の身体の一部に対する過剰なこだわりが病的となることは多くみられます。自分のペニスが他者のものより異常に小さいとか、あるいは夢精や生理と関係づけて体臭を異常に気にすることもよくあります。青年期には、自分の身体の特徴が他者の目にいかに映っているのかに敏感になります。それで、鏡ばかりをまじまじと見つめていた経験がある若者も多いと思います。ひきこもる若者には、こうした対人恐怖や醜形恐怖等の症状で事例化するケースが多く、合併症の検討が必要となります。

Ⅲ　大学生の不登校とひきこもり

1．大学の大衆化と不登校

私の経験からすれば、大学は自由に勉強するところ、サボって単位を落とすのも自己責任と考えていました。しかも、その頃は出席を重視する先生も少なく、まったく授業に出席していなくても試験に合格すれば単位がもらえました。その影響か、私が大学で教えるようになっても出席はあまり重視しませんでした。いい時代でした（？）。三回出席すれば単位をあげるから、それ以上は講義に興味のある人だけ受講しなさいと公言していました。そんな経緯があるので、大学生に不登校という呼称を使ってよいのか、研究を開始した頃には戸惑ったものでした。

ところが、最近では三回の出席で単位をあげると言っても毎回出席する学生が多くなりました。それで、単位を取れる六〇点では満足せず、満点が欲しくて出席するのかと学生に訊くと、「出席しないと不安になるから」との返事が返ってきて驚いたことがあります。さらに、多くの学生は、「大学は自由すぎて何をしたらよいのかわからないで困る、すべきことをきっちりと指導してほしい」と訴えるようになりました。そして、不登校のきっかけを調べると、どの教科を選択したらよいのか、どの教科書を購入したらよいのかわからなくなったが、大学では教えてくれる友人もなくて学校に足が向かなくなったと訴える学生が多く見受けられました。

不登校と大学の大衆化は関係が深いと言われています。ドイツでは、大学の大衆化が起こるまで不登校はみられなかったと報告されています。今や学問がしたくて、また専門性を高めたくて大学に進学するのではなく、つまり「大学に行きたい」からではなく、「皆が行くから、大学に行かないと恥ずかしい」から大学に行く時代です。その動機づけの低さが入学後、長期の不登校や大量留年を生じる原因の一つであることは確かです。

2. スチューデント・アパシー

大学の大衆化と並行して、社会的に成熟しアイデンティティを確立した大人になるのを避けようとする傾向が、大学生に強くみられるようになりました。いわゆる青年の成人拒否です。この代表が、八〇年代に流行したスチューデント・アパシーと呼ばれる大学生の無気力状態です。大学で勉強ができない、さらには大学に足が向かなくなってしまう。しかし、クラブ活動や旅行などは活発に行う、学業以外での活動性は高いといった一群の不可解な学生でした。しばらくして、そういった無気力現象が仕事に就いたばかりの若者にもみられることがわかってきました。困難な問題にぶつかると失敗を恐れ、対決して解決するのでなく回避しようとする若者です。おまけに、彼らは高校までは優等生でプライドが高く、なかなかその苦しい状況を教師や上司に伝えることができないため、生意気な怠け者とみられてきました。しかし、あくまでも学業からの選択的な退却であり、生活全般をみれば活動性はむしろ高いことがわかってきました。このスチューデント・アパシーの概念を提唱したウォルターズは、「外界は自分たちの求めるものを含まない」と考えることをスチューデント・アパシーの特徴としています。

3. アパシー的思考とひきこもり思考

和歌山大学の自助グループ「老賢人会（詳細は後述）」はアパシー学生の一人が命名しました。この命名はアパシーの心理特徴を反映しています。彼ら曰く、「大学生活は長くなっているが、四年で卒業する学生より我々は賢いのだ」と。それに反論して私は、「君の考え方はアパシーの特徴といえるプライドの高さを表現する傲慢な考え方であり、もし、〝普通〟の大学生を安易な生き方に安住する愚かな大学生と批判するのであれば、中学生、思春期レベルの考え方にすぎない。どちらが賢い生き方でどちらが愚かな生き方とは言えない。もちろん、アパシー生活、つまり（疑似）哲学者的生き方は必要であり、生き方を考え苦悩することは自己確立に重要である。しかし、苦悩することで自己満足し、普通の大学生として、あるいは組織にどっぷりとつかり社会人として生きる若者を愚者とののしるなら、心のうちで軽蔑するなら、君自身が幼稚と考えられても仕方がない」と言っていました。

組織、社会的ルールに合わせ、普通に生きる、上手に世渡りする人を「ズルイ」、社会から大人と呼ばれる若者を「ずる賢い人」と批判することは間違いです。もちろんどっぷり組織に適応することのみが正しい生き方とは言えないことはよくわかっているつもりです。

ひきこもるものは、受験生として、また平凡な大学生として普通に生きること、アパシー的には「ずる賢い」生き方を希求し苦しみもがいている若者です。ここに、アパシーとひきこもり的な生き方の違いがあります。普通に受験勉強にいそしむもの、受験競争に打ち勝ち選ばれた大学生として勉強するものを、アパシー青年は「愚か」と考え、ひきこもり青年は「成功者」として崇拝します。この考えは青年期特有の「善」か「悪」かの、画一的な二者択一の思考パターンを表現しています。

これまで、アパシーとひきこもりの連続性について多くの議論がなされてきました。前述のウォルターズの考えや、スチューデント・アパシーから社会的ひきこもりに移行する事例が存在することから、あえてこの二者を分ける必要がないと主張する研究家もいます。私が実施した大学での継時的な調査の結果からは、アパシータイプの学生が少なくなり、ひきこもりタイプが増加していることが明らかとなりました。私はこれまで基本的には二者には連続性があると考え、大学生の長期不登校の枠の中で分類してきました。なぜならこの若者の心の病理現象には、八〇年代からの社会・文化的変化が色濃く反映しているからです。ただ、両者の社会的成熟度や心理特徴の相違を分析することは治療的アプローチには不可欠だと考えています（ひきこもりの社会的成熟度については第2章Ⅲ参照）。

4．卒業を拒み続ける大学生

最近、卒業一歩手前になってひきこもる学生が増えてきました。単位を簡単に取ってしまい、後は卒業論文だけなのに何年も書けないとか、卒論のテーマが自分のやりたいテーマではないと何回もゼミを変えたりする大学生にも多く出会います。こうした学生の母親に、せっかく単位をそろえたので何とか息子を卒業させてほしいと懇願されます。

【ケース】就職活動で失敗してから不登校、無気力になり留年を繰り返した大学生

現役で経済学部に入学した正雄君（仮名）の場合は、（彼らがよく使う手なのですが）「すべての単位を取って必死に就職活動をしたが、最悪の就職氷河期で思ったような就職先が見つからなかった。それで卒論だけを残し、卒論はテーマも決まり簡単に完成できるから、公務員試験の準備をするので一年間就職留年させてほしい」と親に訴えたとのことでした。

母親は、就職難をマスコミの報道で知っていたので、慌てて不本意な就職を決めさせるよりは、一年先延ばしをして条件のよい会社や公務員を目指せばいいと、一年間の授業料の支払いを快諾したそうです。そして、その翌年の一二月、努力したが就職先は見つからなかった、卒論は八割がた仕上げ、いつでも卒業できるのでもう一年余裕がほしいと彼は

再び訴えました。親はしぶしぶもう一年授業料を払い、小遣いを渡し続けたそうです。そして、彼が同じことを言いだした三年目の一二月に、どうも様子がおかしいのでゼミの先生と連絡をとったところ、卒業論文の提出はもちろんのこと、ゼミに二年間まったく顔を見せておらず論文のテーマすら決まっていないと聞かされ、「三年間だまされ続けました、もう息子が信じられません」と慌てて、大学の保健管理センターの私のもとに相談に訪れたのです。

そこで、正雄君に訊くと、一年目までは本当に就職活動を行っていたけどまったく内定が出ず、卒論を書く意欲が失せてしまい、二年目から嘘をついて誤魔化すようになったということでした。そして、五回生（一年卒業留年時）に入ってからは、何もする気にならず、親の目があるので仕方なく大学に来てもゼミ室にも入りにくく図書館で時間をつぶす毎日でした。やがて、大学にも足が向かなくなり、卒論の完成は家でコンピュータがあればできるから自宅でやりなさいと卒論指導教員に言われたと嘘をついて、自宅でゲームをしていたそうです。

彼は、小、中学校ではスポーツクラブに参加し、友達とも遊ぶごく普通の生徒でした。ところが高等学校に進学してから生活が変わってしまいました。彼の高校は有名な受験校で、皆が熱心に勉強するので遊ぶ相手もなく、そうかといって別の高校に進学した中学時代の友達とも話が合わなくなり、適当に勉強する時間以外は自宅でコンピュータに向かいゲームに熱中するようになったそうです。

大学では、長期の休みにはバイトもやり、就職活動に失敗するまではまじめに授業を受け、単位も順調にとっているごく普通の大学生でした。ただ、彼と話すようになって数カ月した頃、彼の母は小さい頃より過干渉で小言を言い始めると三、四時間も続き、しばしば感情的に不安定になり困っていたと愚痴をこぼすようになりました。そして長時間の説教の最後に必ず「子どものために自分を犠牲にして……をしてきた」、と「子どものために」を連発されるので、その言葉が耳から離れなくなってしまった、この言葉をやめてくれれば少しは楽になるのだがと訴えたのです。また、彼は父のことを、母が怒り始めるとこそこそと逃げて何も意見を言わない、男らしくない、何のために生きているのかわからない人と酷評しました。問題が起こると逃げてしまう、私の家庭と同様にごく普通の、父親の存在感の薄い家庭のようでした。そこでお母さんは、君に何を聞いてもはっきりと答えないので、何をしてやったらよいのかわからないと言っていると告げると、彼は、自分の意見を言おうとするのだが、すぐに母親が口を挟んでさて言えないとブツブツ一応反論しました。

大学の保健管理センターに通い始めて以後も、正雄君が卒論に手をつける気配はみられず、母親との関係は悪化する一方でしたので、親御さんと相談し、大学近くに彼を下宿させました。母子間の密着度が強すぎるので、少し距離をとろうと考えたからです。条件として、親が一年間下宿代を払うが、小遣いはアルバイトをして稼ぐことを命じました。最初、彼はこれで母から解放されると大喜びでしたが、いざ下宿も決まると不安感を訴えるようになりました。予想した結果です。しかし、無理やり下宿をさせメンタルサポーターにアルバイト探しを手伝うように命じました。

彼のようにその場しのぎのために嘘をつき、家族との関係が悪化して自分の殻に閉じこもってゆくケースを多く見てきました。大学での勉強にはまったく抵抗がなかったのに、卒業論文を仕上げる、つまり、社会に出て独り立ちする時機が目の前に迫ってきた時に、彼らは漠然とした不安に襲われ立ちすくんでしまう。卒業論文は社会への旅立ちの象徴です。このように過保護や過干渉から母子密着度が強く、母子分離が十分にできていないために社会に巣立とうとするとき強い不安に襲われるのです。

最近では、就活に失敗して自殺したとの不幸な記事がニュースとなるようにまでなりました。就職難だけが原因ではなく、社会に出るための心の準備不足にあることは容易に理解できると思います。大学卒業前にひきこもる学生には、このように社会に出ることを拒否する、というより母子分離ができていないために対人関係の構築が不十分で、社会に出ることに強い不安や恐怖を感じ、一歩足を踏み出せずに立ち往生していると表現するのが相応しい若者が多くみられます。

5．社会的成熟を拒否する若者たち

①社会的ひきこもりと思春期やせ症

ひきこもりは圧倒的に男性に多くみられます。そして、ひきこもる男性によくみられるのが対人恐怖症状で、一方、ひきこもる女性には摂食障害やリストカットが多くみられます。

社会的ひきこもりと思春期やせ症、この両者に共通点が多くみられます。例えば、それまではいずれもよく勉強した（する）良い子であり、プライドが高く、勉強しているほうが楽だと感じている子が多い。その上、活発な生徒とみなされていることが多く、ひきこもりや極端なやせに気づかれるまであまり関心が払われていません。それで、やせ症では風に吹かれて倒れるくらいにやせ衰えても学校に通い続け、親は子どもに命じられるままに学校や家庭教師のアルバイト先に送り迎えを続けていることがよくあります。しかし、詳細に成育歴を聴取すると対人関係の不安定さや不良さが明らかになってきます。

そして、これらの問題は中学や高校時代になって初めて顕在化します。ひきこもる若者は、未成熟でソーシャルスキルも未熟です。それで大人になる準備が不十分で、大人社会に入ることを恐れ、一歩手前で立ち止まり右往左往している状態です。社会的成熟の拒否というのが相応しいのでしょうか。一方、やせ症の女性も、大人になりたくないとの願望が強く、成人女性の豊かな胸や腰を持つことへの嫌悪が強く、やはり成熟拒否という共通点があります。

このように、受験戦争での挫折感に打ちのめされ社会参加に怯える若者がひきこもり、成人女性に成熟することや、社会的に大人の男性になることを拒否した若者がやせ症となります。いずれも大人になることに直面した思春期の男女の困惑・苦悩の表現と考えると理解しやすいと思います。

②性のない存在への憧憬

ひきこもる若者は同性との友情関係の構築はもちろんのこと、少年期の仲間意識の形成が不十分なのですから、異性との人間関係が苦手なのは当然のことです。セックスを求めない人間の清らかさ、純粋性、精神性を維持しようとするのもひきこもる若者の特徴です。しかし、ひきこもる若者だけでなく、最近、私が実施した大学生の意識調査で異性に対する関心が薄くなっていることが明らかになりました。異性とつき合うのは煩わしいと私のもとに集まっている若者がよく口にします。

五年以上ひきこもり経験がある女性が大学に入学してきて、私のところに通っていたことがあります。彼女は誰もが一目置く知的な美貌の持ち主でした。もちろん、私のもとに集まってきていた男子学生の九九％は彼女に女性としての関心を示さず、彼女も快適な学園生活を送っていました。そこに、私が顧問する他のクラブの男子学生たちが出入りするようになり、彼女と活発に会話を楽しむようになりました。何カ月かして彼女に興味を持った一人の学生が相談にきました。彼女を映画に誘ったところ、そんなエッチな男とは知らなかったとこっぴどく罵られ話もしてくれなくなったと嘆くのです。男子学生が彼女を女性として、異性として意識して接近したためこんな不幸な結末に終わったのです。

6．よい子であり続けようとする子どもたち

人もうらやむ一流大学や医学部入学して数カ月で不登校となる学生を多くひきこもり支援プログラムであずかります。心配した母親は、数カ月学生マンションに同居して大学に送り続けるのですが、次第に布団をかぶり動かなくなってしまいます。母親は無理やり親が希望する大学に入れたのがいけなかったとオロオロするばかりです。

彼らはまじめで礼儀正しい優等生であり受験戦争の勝者です。世間的にみれば、何一つ欠点がない彼らがひきこもるのです。彼らは、弁護士、教師、そして、医者にならなければならないと必死に頑張ってきました。ところが、大学に入った興奮が冷めてくる頃に、皆が優秀で自分だけが劣っているのではないかとの思いが肥大してゆきます。そ

して、次第に大学の建物自体が自分を威圧し、キャンパスに足を踏み入れようとすると恐怖感に襲われるようになります。

まじめな彼らは学校に行かなければいけないと強く思っているのですが、学校の建物が見える所まで来ると足がすくんでしまい戻ってしまう、やがて学校に行くことを想像しただけで胸が苦しくなり、家から出ることができなくなりひきこもってしまったと訴えます。これらの学生は家や下宿では、不安感もなくなり平然とした生活を送っているので、外目からは怠けているとみなされることが多く、そのことが一層彼らを苦しめます。今では理解が進み、さすがに怠けていると考える家族は少なくなったのですが、それでも、そんな状態が長く続くとつい愚痴もこぼしてしまいます。

そんな彼らに、例えば医者になるのに抵抗があれば医学部をやめてもいいのでないか、親の気持ちを考えて君は不本意な医者になろうとしているのではないかと質問を投げかけると、必ず医師を目指しているのは自分の考えですとの返事が返ってきます。そして、彼らは口々に父は立派だ、他にやりたい仕事が浮かばないとも言います。一方、ご家族は、息子はこれまで一度も反抗しない良い子でした、自分の意見を言わないので少し物足りなさはあったが、との評価が返されてきます。彼らは、良い子であり続けようとして、親の願望と自分の願望との区別がわからなくなった若者です。

Ⅳ　ひきこもりと行動化

1．少年期と青年期前期の行動化の特徴

少年期や青年期では、緊張や不安が反射的に行動として表現されることがよくあります。成熟過程で現れてくる行

動化（アクティング・アウト）の一現象で、内在する不安や緊張を言語化、内省化するのでなく、行動として外に吐き出します。そして、この行動化には、大きく分けると二つの側面があります。一つは、不安に気づいてほしいという行動による訴えであり、もう一方は、生きている実感が希薄となりやすい若者が、生きていることを確認するための特有の手段です。ところが、ひきこもる若者では二〇歳半ばをすぎてからも、自傷行為や家庭内暴力、特に母親への攻撃性としてこの行動化がよくみられます。

高校生から多くなるリストカット（手首自傷症候群）は、青年期のアクティング・アウトの一つの表現形式です。リストカットは一九六〇年にアメリカで大流行しました。一〇歳から二〇歳台の女性、特に未婚の女性に多いとされています。ひきこもり相談に訪れる女性にも多くみられます。

リストカットは繰り返しますが、自殺に至るケースは少ないのが特徴です。リストカットの原因として、一つは、母親や親しい友人などの愛情対象が失われそうになるか、あるいは失ってしまった時に、その対象の関心を引こうとする心理機序があげられます。ひきこもる若者においても、見捨てられたくないとの思いが強くなった時、あるいは見捨てられてしまったとの不安感が強くなった時によくみられます。その背景には、「心配されること」＝「理解されること」との短絡的な考え方や、「見捨てられた」との辛い思いを振り払うためにそれを否認しようとする心理が働いています。次に、生きているの自分の存在の確認のためにリストカットを行うことがあります。流れ出る血は生きていることとの証であり、心が落ち着くのだと訴えます。さらには、手首の人格化という心理機序も考えられます。自分の手首をひきこもり続ける情けない「自分自身」やそれを非難する「親」そのものにみたて、「ダメな自分」を罰し、あるいは憎い親を攻撃するのです。

治療の基本は、アクティング・アウトの激しい表現に振り回されないことです。リストカットや過食時の人口嘔吐などの生々しい訴えに耳を傾けることは、もちろん必要ですが、その背景にある不安の高まり、心の訴えに気づいてあげなければ解決はしません。

2. 家庭内暴力

ひきこもり状態が二、三年続くと、母への執拗な攻撃や家庭内暴力がよくみられます。自分は負け犬だ、人生の落伍者だと自分を責め、もう手遅れだと悩み、両親、普通は母親を攻撃するのですが、実は、両親に心配をかけて申し訳ない、学校の先生も熱心に指導してくれようとしているのに、期待に応えられなくて申し訳ないと苦しんでいます。それなのにその思いと裏腹に行動では両親に執拗な攻撃を加えます。学歴社会で落ちこぼれた不安や悩みを、彼らは言葉で訴えることなく、短絡的にアクティング・アウトしてしまうのです。障子や襖、テレビ、そして、激しい時は壁をバットで打ち破ったケースを見てきました。

これらの若者の家庭内暴力は、普通は家族以外の人に向かいません。よく観察していると、攻撃対象は依存している相手に向けられることが多いことがわかってきます。ショートケア（第3章）では冷静に自分の意見を述べ、物静かな印象を仲間に与えていた優等生の中に、「こんな人生の落伍者にしたのはお前だ、責任をとれ」と家でお母さんを執拗に攻め続ける若者が多い。ところが診察の場で口から出るのは、「母は身体が弱く死んでしまわないか心配」などと母を思いやる優しい言葉ばかりです。

しかし、治療者がいかに彼が母親のことを心配しているかを、言葉での攻撃や物を壊すのは退行現象であることを説明しても、毎日毎日このような行為が繰り返されると、母親も疲れてきます。そして、こんな子どもがいなかったら、とそんな思いが心に一瞬生じた時、彼らは「自分なんかいないほうがよいと思っている」と、小さなミスを見逃さずに敏感に察知し母を一層責めたてます。一方、母親は後悔の念に苛まれ、息子の無理難題、過剰な要求に応えてしまい、悪循環を繰り返すのが常です。小さなミスや言動を敏感に察知するのが彼らの特徴です。

それまでは大人しく、親に逆らうことなく勉強に打ち込んできた優等生であったからこそ、両親の戸惑いは大変なことです。大変な精神病にかかったと慌てて思春期・青年期を専門としない精神科に無理やり連れていった結果、事態はさらに悪化し強制入院させられた不幸なケースを幾度となく見てきました。

こうした激しい家庭内暴力が比較的短期間で収束し、何事もなかったようにいつもの調子で両親に甘える姿に触れ、空いた口がふさがらなかったという治療者も多いと思います。不幸な殺人事件（親子心中の逆パターン）などがマスコミで騒がれたことなどから、社会的ひきこもりは激しい暴力を振るうと思われがちですが、ほとんどの場合は可愛い暴力であることが多いです。そして、成人期に達しているひきこもる若者にみられる家庭内暴力は一過性であることが多く、青年期が延長していることと関係が深いと考えられます。

不登校、スチューデント・アパシー、そして、社会的ひきこもりなどの共通点は、退行によるアクティング・アウトしやすいことです。

3．大人への第一歩

青年期前期までに肉体は大人と言えるまでに成長しますが、均整が十分にとれていないのに好んで派手に飾り立てようとします。いわゆる自己愛的行動が強くみられるようになるのが普通です。そして、青年期前期に入ると、彼らは同性同輩の一対一の関係を構築し、その友達を媒体に大人社会を覗き見て、大人社会へと一歩足を進めるのが普通です。ところがひきこもる若者は、この一対一の人間関係の形成に失敗し、社会に参加することへの不安から安全な家庭に一度退却してひきこもり、一歩踏み出せずに立ち往生しています。同様に、アパシー青年も、無意識に自分がまだ未成熟だと認識していて、社会的に成熟した、アイデンティティを確立した大人になることを回避しようとしています。

通常は青年期後期になって、ようやく大人のしぐさや振る舞いがみられるようになります。大学生も、卒業が迫ると急に振る舞いや言葉遣いが大人っぽくなります。社会にでる心構えが若者を脱皮させるのです。長期にひきこもっている三〇歳前後の若者が、いつまでも学生っぽく感じるのは、まだ社会に一歩踏み出す覚悟が十分にできていないからです。もう少し時間が必要です。

最近の就職氷河期は、残念なことですが表面的に青年期を早期完了した若者を作り出しています。問題の先送りです。それが原因で就職後に無気力状態になったり、ひきこもる若者が増えてきました。

第2章　病院におけるひきこもり回復支援プログラムの実践

Ⅰ　はじめに

1. ひきこもり専門外来の概要と病院を訪れるひきこもり青年の特徴

和歌山大学での二〇年にわたるスチューデント・アパシー（学生無気力症候群）やひきこもりに関する研究を基礎に、二〇〇二年にひきこもり回復支援プログラムを開発しました。そして、その後、大学内のみならず地域でこのプログラムを実践して、ひきこもる若者の支援活動を展開しています。大学での支援対象は当然のことながら学生中心でしたが、地域貢献として約一〇〇名の外部相談に応じてきました。その結果を見ると、外部相談者のひきこもり期間は大学生に比べて長く、しかも、その三分の一近くが精神病により生じたひきこもりで、未治療のまま十年以上も経過しているケースが多いことが明らかになってきました。そこで、二〇一二年三月に大学を辞したのを契機に、現在勤務している病院の協力を得てひきこもり研究センターを立ち上げ、大学では解決できなかった長年の課題と取り組むことにしました。

このひきこもり研究センターの目的は、社会的ひきこもりの研究や治療と、ひきこもりとネット依存の関係の研究や治療の二つです。そして、この目的を達するために、ひきこもり専門外来や専門ショートケア、そして、アウトリーチ型のサポートなどを開始しました。

ひきこもり専門外来は、金曜日午後に完全予約制で行っています。予約が多くなり初診の人が二、三カ月待ちになったため、現在は初診に限り火曜日の午前中も受け付けています。ショートケアは火曜と金曜日の午後に、そして、自助グループの集まりは水曜日の午後に行っています。

ひきこもり専門外来をスタートして以来、一年間で一一八名のひきこもる若者が受診しました。病院を訪れた若者は、男性が一〇六名（八九％）と、大学当時（九二％）と同様に圧倒的に男性が多くなっています。平均年齢は、大学当時と比べて五歳以上高くなっています。ひきこもり期間も平均六、八年と、慢性化、長期化した若者が多くなっています。彼らの学歴は、中学六％（在学二名、卒業五名）、高校三三％（在学一一名、中退一二名、卒業一六名）、専門学校一四％（在学一〇名、中退三名、卒業三名）、大学四六％（在学二七名、中退一二名、卒業一五名）、そして大学院二％（在学〇名、中退一名、卒業一名）でした。

一応、専門外来では一五歳から三五歳までのひきこもる若者を対象としていますが、少数ながら不登校の中学生の相談もあり、その時は主にメンタルサポーター[*注1]が家庭訪問しています。

和歌山県におけるひきこもり相談は、和歌山大学以外には、私が勤務している紀の川病院のほか、和歌山県精神保健福祉センター、保健所、そして、NPOなどが行っています。窓口が多くなったのは結構なのですが、相談から、仲間作り、そして、最終目的である社会参加まで一貫した支援体制がなかなかできていないのが現状です。

＊注1：治療やケアを受けている若者に対し、修学や就職、そして友人や家族の問題などの相談にのり支援する先輩の若者のこと。自身もひきこもり等の心の問題で悩んだ経験がある若者から選んでいる。現在勤務中の病院ではドイツ語で「フロイント」（心をゆるせる仲間）、和歌山大学では、スペイン語で「アミーゴ」と呼んでいた。詳細は九五頁。

2．ひきこもり専門外来の流れ

①治療への導入

ひきこもった若者との出会いのために専門外来ではさまざまな工夫が必要です。私は彼らが他者と顔を合わせなくてもすむように、完全予約制にしました。ほとんどの場合、最初は親御さんのみが相談に訪れます。

外来でひきこもっていた若者との出会いが可能となり、社会的ひきこもりと診断されると、まず個人精神療法が開始され、メンタルサポーターが派遣されます。同時に集団精神療法、仲間作り・居場所作りも進めます。この間、抑うつ状態や緊張を緩和するためなどに薬物療法も行います。また、家族には家族療法や家族会への参加を勧めます。ひきこもりの基本的課題は、自己評価の低さ、対人関係やコミュニケーション能力の未成熟さなどです。これらの問題を解決するためには、個人精神療法の過程ではもちろんのこと、集団精神療法においても認知行動療法的アプローチが必要となります。

②認知行動療法

認知行動療法の基本は、マイナス気分や感情と結びついた思考を把握し、その思考を修正してゆくことです。そのための訓練を、面接場面ではもちろん、ホームワークとして日常生活の中で行ってゆきます。ホームワークを通して何度も繰り返すことで自分の認知の歪み（スキーマ）に気づく訓練を行います。そして、現実的問題に対処するための認知面と行動面のスキルを再習得してもらいます。家庭で安心してホームワークができる場を持たないものに対しては、専門外来とショートケアがまず認知行動療法の場となります。治療者と患者の間での双方向性のコミュニケーションを常に意識しながら治療を進めます。これは個人療法でも、集団療法でも同じです。

③集団精神療法

ひきこもり専門ショートケアの集団精神療法では、自己紹介やその日の話し合いのテーマを通じて、参加者（患者）

が悩みを共有し、日常生活での問題点を明らかにしてゆきます。治療者（精神科医）にとって、そこでは外来の面接の場では得られなかった新たな発見があり、治療方針を立てるのに役立ちます。

まず、テーマを決め参加者に問いかけます。適度に制約を設けた自由な質問を用意し、どんな回答でも相手の発言を尊重し、関心を持っているとの態度を示す必要があります。質問は具体的なものとすることが重要です。続いて、参加者と共同しての具体的な目標を設定します。短期目標と長期目標を設定する中で、認知再構成法、問題解決法、行動活性化法、系統的脱感作法、暴露反応妨害法などの治療技法を用います。ロールプレイもよく用います。集団精神療法ではあくまでも低強度認知行動療法が中心となります。

④集団精神療法の進め方

まず、第一段階は、具体的な日常生活状況とその問題点の把握です。彼らのほとんどは一人で食事をとり、一日の大半を自室で過ごしています。何とか病院に来るまでになったのですが、母親の送り迎えつきです。そんな彼らですが、行動範囲や心理的課題は異なります。個々の問題点を把握して、専門外来で目標設定を行います。ひきこもる若者には行動活性化が特に重要です。レクリエーション療法などをショートケアのプログラムに取り入れ、楽しめる活動ややりがいのある活動を増やし、一定の身体活動や運動を用いて長いひきこもり状態で衰えた体力の回復や体のコントロール感覚を取りもどし、他の人との関わりを持てるようにします。

第二段階では、対話を通じて緩やかに自動思考に焦点をあてて、その根拠と反証を検証することによって認知の歪みを修正していきます。少し具体的に説明します。ショートケアでは、最初の半時間で一週間の間に生じた困難な問題をとり上げます。例えば、参加者から腹痛で前回ショートケアに来れなかった、母親を罵ってしまった、あるいは、一〇年目にして初めて行ったバイトで叱られたなどが述べられます（状況）。

ここでは前回ショートケアを欠席した参加者を例に考えてゆきます。最初に、どのような気持ちになったかを訊いてゆきます（気分・感情）。彼は「またひきこもってしまうのかと不安になった、皆に迷惑をかけて申し訳ないと思った」と答えました。そうすると次に、どのような考えが浮かんだかを話してもらいます（自動思考）。「僕は体が弱いので、いつも休んでは仲間に迷惑をかけるダメ人間だ、そして、小さい頃から腸が弱く体力が人よりも劣っているから、何かしようとすると腹痛や嘔吐が生じる」との理由（根拠）が語られました。そこで、いつも外出時に腹痛や嘔吐が生じるのだろうかと訊いてゆくと、「家にいる時は、弟がいないと大丈夫です、図書館に出かける時は大丈夫です、高校でもクラス替えをしてから三カ月間が一番ひどかったと思います」（反証）と言うので、もう一度消化器内科で診てもらうこと、もう少し腹痛や嘔吐が起こらない状況を探してみることをもちかけると、彼は「何度も内科で検査をしました、異常はないとの結果ばかりです。現在の医学ではだめです、生まれつき体が弱いので何をやってもだめです、それで受験にも失敗しました」といらだちの気持ちを表現しました。しかし、治療が進むと腹痛や嘔吐は場所や状況によって起こることを理解するようになってゆきました。日常生活の分析から、彼より先に受験に成功し大学に通っている弟がいない時、図書館に行く時、そして、空腹状態で外出すると腹痛や嘔吐が生じないことなどがわかってきたからです。ショートケアで彼だけが他のメンバーのように話ができず、仲間にも入れていないと思い込んでいることもわかりました。初期段階では、空腹状態でショートケアに参加するように指導しました。そして、時期を見て、彼が他のメンバーのようには話せていないかを集団精神療法の場でもとり上げると、ちゃんとできているという仲間の評価があり、それを徐々に受け入れ歪んだ自己評価を修正できるようになりました。三カ月単位で彼らの評価をしながら治療を進めます。

現在ひきこもり専門外来で行われているひきこもり回復のための支援プログラムは、表1のように、ステージ1（導入期）、ステージ2（治療期）、ステージ3（仲間作り）、ステージ4（社会参加）の四段階から構成されています。以下ではこのプログラムの詳細について各ステージごとに説明します。

Ⅱ　ステージ1（導入期）

1．家族へのプログラムの具体的な説明

①具体的な方策があることを伝える

回復支援プログラムの第一段階は「導入期」です。

ひきこもり期間が短ければ短いほど、回復が早くなります。他の病と同じようにひきこもりに対しても早期治療は鉄則です。三年以上ひきこもり状態が続くと、ひきこもりという新たな環境に適応してしまいます。できれば三年内に関与したいと考えています。

最初からひきこもっている若者本人が相談や診察に訪れることはまずありません。親御さん、ほとんどの場合母親が相談に訪れます。この親御さんへの説明でいかに私たちのプログラムを上手く伝えるかによって、ひきこもっている若者を導入できるか否かがかかっています。

基本的には、よく似た成功事例を家族に伝えることから始めます。また、具体的に、ショートケアに集まっている若者の平均年齢が二六歳位であることや平均ひきこもり期間が六年以上であること、そして、ショートケアに参加して半年後、一年後の回復過程を詳しくを伝えます。プログラムの全体像を丁寧に説明し、ご本人には診察を受けずに、まずショートケアを見学してもらい、同じ苦しみを持つ仲間やメンタルサポーターと話をするだけでもいいことを伝えてもらいます。そして、一度でいいから見学してみようと本人を誘ってもらいます。ひきこもっている若者に、今までと違った解決方法があるのではとちょっとでも感じてもらえば成功です。

また家族には、素晴らしい取り組みだから診察、相談に行きなさいとなどと、自分の意見を言わないようにしても

表１　ひきこもり回復支援プログラム（宮西，2002）

ステージ１（導入期） ・ひきこもり専門外来 ・訪問診察 ・メンタルサポーターの派遣	 ・家族へのプログラムの具体的な説明 ・専門家による診立て ・苦しみを共感できるメンタルサポーターの面接時の同席や派遣
ステージ２（治療期） ・薬物療法、個人精神療法 ・ショートケアと集団精神療法 ・家族療法 ・家族の会	 ・一歩踏み出すために、一時的に医療的な後押しの必要性 ・コミュニケーション能力やソーシャルスキルを高める ・家族支援
ステージ３（仲間作り） ・自助グループへの参加	 ・安心して群れる場・居場所の確保
ステージ４（社会参加） ・社会参加への準備	 ・アルバイト体験やボランティア活動

らいます。プログラムの概要や長期のひきこもりから抜け出した仲間が、自由に集まる居場所があることなどの情報だけを伝えてもらいます。

このように、今まで彼（彼女）が相談したところと違った方法での具体的な方策があること、ひきこもりプログラムが実施されていることがまず家族に、そして家族から子どもに上手く伝わると、長期にひきこもり絶望感にとらわれていた若者でも、診察や相談に応じてくれるようになる場合が多くなります。特に、同じ苦しみを経験しているメンタルサポーターの話は、家族を安心させると同時にひきこもるものの共感を誘います。ただし、積極的にサポーターと会いたがる若者には注意を要します。これらの若者には、いわゆる万能的一体化空想をもっている若者が多く、破綻をきたしやすいからです。

さらに私たちは、ひきこもり開始時期、期間、契機、性格傾向、成育歴、症状の有無、そして、修学や職業歴などからこれまでのソーシャルスキルの獲得度などについて、家族からできる限りの情報を得るようにします。この情報により、ひきこもりが精神病からのものなのか、あるいはそうでないものかを判断することがある程度可能となるからです。特に、発達障害を持つ若者が不適応をきたしてひきこもったケースは、幼少時からの発達歴や学校や友達との交流状態を聴取することで判断することが可能となります。しかし、最終的な診断には、やはり本人の診察が必要となります。

②ひきこもり期間によって異なる、家族に伝えるべき初期対応の基本

初期対応は、不登校やひきこもり期間によって違ってきます。

・第一期（〜六カ月）

この時期は、若者は不安と救済への期待の中で苦しんでいます。登校刺激はなるべくさけて家庭にいったん撤退させ、十分な心身の休息を取ることと心のケアが必要です。この時、親は学校に行かせようとする教員と同じ立場に立つのではなく、どこまで子どもの味方であり続けて欲しいと思います。

・第二期（六カ月〜二、三年まで）

この期間、社会的ひきこもり状態に入っていると、若者は学校や社会への復帰に失敗して、失意の中で普通になりたいともがき苦しんでいます。家族は救済を求めさまざまな相談機関を訪れ、一方、ひきこもる若者は世間体を過度に気にして身動きがとれない状態にあります。そして、そんな生活をしている自分をダメなやつだとか、特殊な病気だと思い込んでいることも多く、次第にその憤りがつのり家庭内暴力へとつながってゆきます。特にそれは、同輩の進学や就職時期にピークとなり、家庭訪問すると目を覆いたくなるような荒れた惨状に出くわすことがあります。

この期間の具体的な対応としては、まず家族にショートケアを見学してもらい、サポーターの一人を紹介します。そして、少しでも外に出ているようであれば、周囲の目を気にしなくてすむ夜間や土曜日曜日に自分の欲しい物の買い物や家族との外食を勧めます。次に、ショートケアのパンフレットを渡し、まずは同じ苦しみをもつ仲間一人と会うだけでもいいこと、診察にこだわらないことを伝えます。そして、例えば高校を卒業しなくとも大学に入れ

る具体的な手段、高校卒業程度認定試験（高認）などがあることを教えます。それも、年二回試験を受けられ単位をプールしていけること、そして、具体的な成功例を話します。

家庭内暴力のケースでは、家族から聞き取った症状から、精神病から生じたものかどうかを判断します。精神病が疑われる場合は、家族に最寄りの保健所に相談に行かせておきます。暴力が目に余る場合、特に家族に手を出す時は警察に通報させます。社会的ひきこもりの場合は警察への通報で家庭内暴力が軽減することが普通です。しかし、物を壊したり口での攻撃は続くことが多く、家庭訪問を開始します。

・第三期（二、三年～一〇年まで）

さらにひきこもり生活が経過すると、家の中だけの生活に慣れ、またあきらめから表面的には安定期に入ります。ともすれば、家族はこの平穏さを壊すことを恐れ、私たちの関与に尻込みします。本人も、そのままでいるほうが楽、しかし、このままでは……、とアンヴィバレントな気持ちの間で葛藤し苦しんでいます。

ショートケアの情報とともに、五年以上ひきこもっているケースの成功例を提示します。特に、ショートケア参加半年後には仲間数人とジョブカフェやハローワークなどを訪問するようになること、そして、まずアルバイトやボランティア活動で少し社会経験を積んで、本来の目的である専門学校や大学へ進学していることなどを伝えます。そのために、履歴書の書き方や模擬面接など実際に役立つことを練習し、その後どのようなアルバイトや職種に就いているか具体的に伝えます。しかし、まず家庭で風呂洗い、掃除、料理など一つ役割をもってもらいます。年老いた祖父母がいる場合は、病院の付き添いなどをやらせるよう、また、控えていた夫婦での外出や旅行などを積極的に行うよう家族に指導します。

・第四期（一〇年～）

一〇年以上経過し、安定したひきこもりの状態を揺るがすのは、親の老齢化やその結果生じる経済的破綻です。

何一つ問題解決への現実的な対応が思い浮かばず、強い不安、抑うつ状態、ホープレスな状態に陥ってゆきます。その結果、病気に倒れた両親を殺害——殺害というより貧困による親子心中と表現するのが相応しい不幸な事件が、一時続いて発生しました。こうした不幸な結果を防止するために、精神保健・福祉関係者の関与の必要性が強く求められます。

外来受診者、ショートケア参加者には、二次的な症状の治療と同時に就労支援が中心になります。ハローワーク、障害者職業センター、若者自立支援センターの協力を得て行います。往診や訪問看護を実施して、生活経済状態や家庭状況を確認することが重要となります。まず両親の生活支援や介護支援からスタートしなければならないことが多くなります。

③ひきこもり状態にいかに早く気づくか

家族などが比較的早く子どもの不登校（やひきこもり状態）に気づくならばよいのですが、大学生の場合など、授業では出席を取らないことも多く、また下宿生活をしている学生が多いため、不登校やひきこもり状態に陥っていても、それに気づくのに苦労します。

かつては四年間クラブ活動だけ熱心にやっていて、四年間に一単位も取っていなかったことに、卒業式に参加しようと訪れた親御さんが初めて気づいたことがあったりしました。そんなことが許されたよき時代でした。今ではそんなに悠長なことを言ってはいられません。ほとんどの大学では成績表を親元に送っています。それで単位が取れていないことを知った親御さんが学校に相談に来て、子どもの不登校やひきこもり状態に気づかれることも多くなりました。

また、大学側も単位取得状況を見て学生を呼び出す修学指導や相談体制を整備しつつあります。学生を大人扱いしなくなったのは少し残念ですが、何らかの原因で不登校やひきこもり状態に陥っている大学生が六カ月内に気づかれやすくなったことは事実です。このほか春の健康診断、パンフレットの作成やホームページでの情報発信の充実で、大学ではひきこもりのみならず心の病の早期発見の対策が進んできました。

2．専門家による診たて

ひきこもる若者の正確な精神状態を把握して、社会的ひきこもりと判断した場合に限りサポーターを週二回、一回約二時間派遣しています。ここで言う社会的ひきこもりとは、六カ月以上家庭内にこもって家族の人以外との交流を絶った、あるいは、下宿している場合には家族とも交流を絶ち社会参加しない状態が持続していて、明らかな精神障害や発達障害がその第一の原因とは考えられにくいものを指します。

【ケース】一〇年以上も未治療で放置された統合失調症の患者

二八歳の男性が幻覚妄想状態で私の外来を受診し入院しました。ＮＰＯのひきこもり相談で社会的ひきこもりと言われ、お母さんがカウンセラーの相談を受け続けていました。最近は家庭訪問しているＮＰＯも多く、彼も何回か訪問を受けたようですが、一〇年以上ひきこもった状態が続いていました。後で家族に聞いたところによると、五年以上前から独語がみられていたようです。実際には妄想が強くなっていたのですが、彼が少し活発になったのでＮＰＯのスタッフが積極的に連れ出そうとしたところ、さらに被害的な幻覚妄想が顕在化して興奮状態となったため病院に連れてこられたのです。入院して一〇日後には彼は被害妄想で長年苦しんでいたことを語り始め、一カ月後にはそれまでの彼の家族に対する攻撃的な態度が嘘のように、穏やかな会話が交わされるようになりました。

①精神科医や精神保健の専門家による診断の必要性

もちろん社会的ひきこもり状態か、あるいは統合失調症による自閉状態なのかは、専門家でも一度や二度の診察では判断が困難なケースがあります。ただあまりにも安易に社会的ひきこもりとされて、本来必要な精神医学的治療を受け損ねているケースが多いことに、プログラムを開始した当初驚きました。ある研修会で私は、長年にわたり社会的ひきこもりとされていた三割近くは、何らかの精神障害、特に統合失調症で苦しみ、しかも何ら治療を受けずに放置されている、初期の診断、特に統合失調症との鑑別が難しいケースがあると話しました。その時、医師でも臨床心理士でもないＮＰＯのスタッフが、統合失調症なんてすぐわかりますよ、と言ったことが今でも心から離れません。このような安易な判断の結果、特殊なケースでなくても、精神病が社会的ひきこもりと考えられ、ゆっくり成長を待ちましょうと言われるままに家族はひきこもり相談に足を運び続け、一方、本人は治療を受ける機会を逸し一〇年以上も幻覚や妄想などの症状で苦しみ続けていたケースを数多く見てきました。

大学で地域貢献の一環として、外部のひきこもる若者の相談を受けた際、二〇〇五年から三年間で四三名の相談があったのですが、未治療の統合失調症者は一四％、発達障害圏の人は０％でした。社会的ひきこもりとされ、何ら治療を受けずに長い年月が経過した不幸なケースを目の当たりにして考えたのが、ひきこもり専門外来の必要性でした。そして、専門外来一年後に次のような結果が出ました。二〇一二年四月から二〇一三年三月までの一年間のひきこもり外来受診者は一一八名で、そのうち未治療の統合失調症者は二八％、発達障害圏の人は六％でした。また定期的なショートケア利用者は二九名で、統合失調症者は二四％、発達障害圏の人は一七％でした。さらに、二〇一〇年二月に公表された厚労省「新ガイドライン」データによると、五カ所の精神保健福祉センターから得た計一五二名のひきこもり相談者を分析した結果、統合失調症は八％、発達障害は二七％であったとしています。

大学、病院のひきこもり専門外来、そして精神保健福祉センターと、相談を受ける機関の性格によりひきこもり相談者の病理性は異なると思いますが、統合失調症や発達障害との鑑別が重要であることには変わりありません。その他の鑑別を要する精神疾患としては、パーソナリティ障害やうつ病などもあります。

批判されているように社会的ひきこもりに対する精神科医の理解度が低いのも確かです。怠け者だから自衛隊にでも入れればいいなどと言う医師の発言もまだ聞かれるほどです。そうした誤解を解き、正確な診断を下すことで、統合失調症などで苦しむ人が早く適切な治療が受けられ、また、発達障害を持ち理解不足からくる周囲との軋轢で長く苦労してきた若者が、本来受けるべき専門的な治療、ケア、そしてサポートが受けられるようにしなければならないと思います。

②ひきこもりと統合失調症――鑑別診断のポイント

専門外来の目的の一つは、一度も精神科医のもとを受診することなく、ひきこもり相談などで「社会的ひきこもりであり病気ではないので本人を追い詰めないでゆっくり成長を待ちましょう」と言われ、治療を受ける機会を失ったまま慢性化した統合失調症の患者さんの救済です。上手く治療に乗ると数カ月で、それまで続いていた家庭内暴力がなくなり、親子の対話が可能となります。

社会的ひきこもりと統合失調症の鑑別は、統合失調症特有の関係・被害的な幻聴や妄想などの陽性症状が明らかな場合は、比較的容易です。社会的ひきこもりではこれらの症状があっても、関係・被害念慮にとどまり妄想形成に至ることは稀です。ただ、長期化すると、自閉、感情の鈍麻、意欲の減退などの統合失調症の陰性症状と類似の症状が出現するため鑑別が困難になります。そして、独語などもみられることが多く、幻聴の存在の有無を詳しく聞き取らないと間違いを生じます。家庭内暴力において、ひきこもりの場合は家族に重篤な危害を加えることは稀です。次のような違いに留意すると鑑別が可能となります。

・社会的ひきこもりでは人間関係や社会との関係を持てないことに不安や焦りを感じているのに対し、統合失調症ではむしろ家庭内にいると安心感があり、幻聴や妄想から外に出ることに苦痛や恐怖を感じる人が多くみられる。

・社会的ひきこもりと統合失調症の孤独感には違いがみられる。社会的ひきこもりでは、競争社会から取り残されて感じる不安や憂うつ、そして、怒り、つまり、生々しい俗っぽい両親（母）や社会への怒りの表現をするのに対し、統合失調症の人は人間離れした孤独感、これまで周囲の人たちと共有していた人間臭い世界から切り離されてゆくことへの不安に満ちた孤独を感じている（ミンコフスキーの精神医学書に「現実との生きた接触の喪失」と表現されている）。

・ひきこもる若者は、外の世界に価値を置きながら、現実社会で生きにくくなってひきこもる。つまり、途中まで競争社会で勝ち組であった若者が、はからずも途中で挫折してしまいひきこもる一方、統合失調症では内向性が強く、社会適応が下手で、ひきこもっていたいと考える若者が多い。

このように並べれば簡単ですが、社会的ひきこもりと統合失調症の違いがわかりにくいケースは多くみられます。ショートケアにも統合失調症で苦しむ若者が複数参加していましたが、スタッフすら気づかないことがありました。彼らは仲間の質問に極めて冷静に受け答えし、スポーツにも積極的に参加する、大人しくて控えめな社会的にひきこもる好青年と捉えられていました。もちろんそう捉えられることはいいことなのですが、統合失調症のための治療を継続してこそそれが可能であり、初期の診立ては私たち精神科医の責務と考えています。

③ひきこもりと発達障害――鑑別診断のポイント

次に問題になるのが発達障害、特に自閉症スペクトラム障害（以下ＡＳＤ）との鑑別です。若者の精神的な発達の未熟化傾向は、疑う余地のない事実です。成長途上にある彼らは、私たち年寄りには理解しにくい言動を見せることが多々あります。未熟で成長途上にある若者なのか、ＡＳＤなのか、どこからどこまでが障害からくるのか、判断に苦しみます。そのために発達歴や生活歴、そして対人関係など、小児期の精神行動特性に関する家族、特に母親からの情報が重要となります。

社会的ひきこもりと成人期のＡＳＤでは、主な障害が対人関係や社会性の問題、そして、コミュニケーションの問題であることで共通しますが、次のような点で異なります。

・社会的ひきこもりでは、ＡＳＤ特有のパターン化した行動やこだわり、そして、興味や関心に対する極端な偏りや不器用さはみられない。

・想像力の豊かさに明らかな差がある。ＡＳＤでは言葉をそのまま受け取り、例えば旅行が楽しかったかと訊くと、旅行の日程を詳しく話すが印象などは語られない。ひきこもりの回復には体力が必要だと言われると、標準体重までジムに通い、達成するまではショートケアにも参加しない。

・両者ともに会話では聞き手に回りがちだが、社会的ひきこもりではショートケアの場に適応し仲間に対する安心感を得ると、自然な会話が弾むようになる。一方、ＡＳＤでは自分の興味のある話題にかぎり饒舌になる場面が多くみられる。

最終的には家族から得られる情報、小児期の精神行動特性が最終的な決め手となります。ＡＳＤでは就学前では、あまりに泣いて親を困らせない。良く迷子になり、親の服装とか外形的な特徴の似た人についてゆく、友達が少なく幼稚園でも一人遊びすることが多い等の特徴がみられます。学童期では、ごっこ遊びをしないとか、兄弟でおもちゃの取り合いをせず空くのを待っている、興味の対象が河原の石や食品成分表の数字など一風変わっていたり、小学校低学年で近隣の路線の駅名をすべて暗記している、小学校の先生からいじめられていると心配されるが、本人は訴えないといったように、子どもの頃から、親に困ったと助けを求めたり、嬉しいと感情を伝えることが少ないなどの特徴がみられます。成人期では、言葉の裏の意味やあいまいな表現が理解できず、冗談なども通じないことが多く、その場の雰囲気に相応しい言動や表情ができないことが多くみられます。ショートケアでもあどけなさを見せ可愛がられる反面、自分なりの理屈にこだわる頑固者と見なされています。さらに人があまり興味を示さない特定の対象に強い興味をもち、その膨大な知識を披露しては仲間たちを感心させています。

近年、発達障害の若者が不適応をきたしひきこもるケースが多くなっています。大学の保健管理センターに勤務していた頃にも理系学部の学生に多くみられました。最近では幼少時から診断がきっちりなされていることが多く、入学後、発達障害と言われているので対応をよろしくと保健管理センターを訪問される両親も時々みられるようになってきていました。しかし大多数は未診断のままで、小グループでのゼミや実験が始まり、仲間との会話やみんなで協力して行う実験がうまくいかず、興奮して窓ガラスや実験器具を壊し、困ったゼミの先生が保健管理センターに相談に訪れて初めて学生の発達の問題に気づくことがまだまだ多くみられていました。日本では成人の発達障害への対応が遅れています。欧米では発達障害の大学生の専門コースやジョブコーチの導入がすでに設けられています。周囲の対応によっては、不適応から生じる興奮や異常言動を起こすことなく勉学を持続することや、さらに職種によっては、上手く彼らの能力を引き出すことが可能です。大学にいた頃は、理系学部の全教員を集め対応方法に関するレクチャーをさせられていたのですが、専門知識のあるコーディネーターが不可欠となりつつあります。

統合失調症などの精神障害や発達障害のハンディを持ちながら大学で勉強しようとする学生が多くなりました。よいことです。大学での成功体験は、さらに病気の回復や成長を促進します。そのためには入学させるだけではなく、障害をもった学生が勉学を続けるための大学側の対応、サポート体制の確立が求められます。私は大学在職時、この対応策の一つとしてキャンパス・デイケアをスタートさせました。

④ひきこもりとパーソナリティ障害・不安障害――鑑別診断のポイント

その他にもさまざまな疾患との鑑別が重要となります。パーソナリティ障害や不安障害もその一つです。社会的ひきこもりとパーソナリティ障害の大きな違いは、社会的ひきこもりは発達が成長途上にあるのに対し、パーソナリティ障害は子ども時代から偏りがみられ変化しないことです。発達障害と同様に、家族からの情報が重要な決め手になります。また、対人や社会との関係において、社会的ひきこもりは対人恐怖・被害的傾向が強く、接触を回避している状況について不安や苦痛を強く感じているのに対し、統合失調性パーソナリティ障害は接触が少なく狭くても不安や心理的苦痛を感じていないことが一般的です。また、回避的傾向に関しては、社会的ひきこもりでは状況依存的で思春期に何らかのきっかけでその傾向を強めるのに対して、回避性パーソナリティ障害では全般的なのが特徴ですが、近親者や知人には親しみの情を示すことが多くみられます。

また、社会的ひきこもりでは、学業の失敗から人生の落伍者との劣等感を強く感じています。一方、社交不安障害では、「人前」「社交場面」で批判され、他人に辱められるのに対し強い不安を抱いています。その不安が身体症状、吐き気や体の震えとなって表現されます。過剰に他人から注目されていると感じていることが多いのが特徴です。両障害の症状は強弱に差はあるものの類似点が多く、私は社会的ひきこもりを日本文化に特異的な社会不安障害の亜型、つまり、つまり日本の文化結合症候群の一つと考えています。

⑤ひきこもりとうつ病・双極性障害——鑑別診断のポイント

うつ病との鑑別

多くの研究から社会的ひきこもりと、うつ病やネット依存とは関係が深いことがわかってきました。さまざまな心理学的な調査で、社会的にひきこもる若者の抑うつ度の高いことが報告されています。また、私の調査で大学生のひきこもりの特徴の一つは、短期のひきこもりを繰り返すマダラひきこもりであるということがわかってきました。そこで現在急増しつつあると言われている新型うつ病（現代型うつ病）との鑑別が必要となります。

まず、最近メディアでよくとり上げられている新型うつ病について説明します。従前からの典型的なうつ病では本来自罰傾向が強いのですが、最近若年層に他罰傾向が強く、薬物治療抵抗性の新しいタイプのうつ病が流行し始めたと注目されています。その理由として、職場環境が変化し、高い課題の遂行を要求されるようになったこと、精神科の敷居が低くなり、メンタルクリニックが急増し、気軽に精神科を受診する人が増えたことなどが原因として考えられています。それと同時に、うつ病の診断基準があいまいになってしまったとの反省もなされるようになりました。

新型うつ病の特徴として、発症年齢が若い、軽症の場合が多く状況依存的（仕事や学業はできないが趣味の活動はできるなど）、執着気質やメランコリー親和型の性格傾向を示さない、自責的な面が目立たない、そして、逃避的傾向を認めるなどがあげられています。この特徴は、スチューデント・アパシーとかなり共通点が多いことがわかります。

通常精神科医は、この新型うつ病は基本的に本来のうつ病ではなく、未成熟な若者がストレスフルな社会環境に対して不適応をきたした結果、二次症状として出現したものと考えます。治療も本来のうつ病の治療では効果がないと言われています。そして、精神医学会では、この新型うつ病は精神医学的に深く考察され定義されたものではなく、マスコミ用語とする意見が主流です。

一方、この現在の若年層においてみられる、不安焦燥が強く他者に対して依存と攻撃を示すうつ病は、要求がかなえられない状況でうつ状態になり、他者に依存的で、依存がかなえられないと攻撃的となるもので人格的に未成熟と考えられていますが、あくまでも基本症状は神経症ないし軽症で遷延化しやすい内因性うつ病像であり、うつ病の表現型のバリエーションと考える専門家もいます。その一人である阿部は未熟型うつ病の概念を提唱しています。未熟型うつ病は、発病前の二〇歳代前半まで庇護的な環境下で葛藤なく育った若者に多くみられ、職業上や家庭での挫折体験を契機に発病する内因性うつ病と考えられています。病相が反復し遷延化すると不安や焦燥感優位な病像を呈し、周囲に対し依存と攻撃性を示す一方、ストレスが棚上げされ解決を猶予された状態では軽躁状態になりやすいと言われています。

この未熟型のうつ病の病像と病前性格との関係に関して、阿部は、本来は循環気質だが、成長過程で与えられる愛情が希薄だと、過剰適応から社会的規範との幻想的一体化という過程を経て、メランコリー親和型や執着性格へと至り、一方、過保護であったり溺愛され育つと、基盤にある気分の動揺性が露出し逃避型・未熟型につながると言います。この点では社会的ひきこもりの心理特徴と共通します。

ひきこもりを研究する多くの専門家は、症状が神経症レベルにとどまっているうつ病（軽症うつ病）＝社会的ひきこもり＝ネット依存症であると考えています。そして、状況依存的である軽症うつ病は、これまで、抑うつ状態、神経症的うつ病、適応障害、反復性短期うつ病、気分変調症、双極性障害（未熟型、逃避型）といったようにさまざまな分類がなされてきました。社会的ひきこもりにおいては、二次症状として軽いうつ状態が出現すると考えるのが妥当と思います。

そこで鑑別が必要となるのは、内因性のうつ病です。

内因性うつ病とは、心理的ストレス、環境要因、性格要因によってのみ引き起こされたと考えるには無理があるうつ病のことを言います。この病気になりやすい特有の性格傾向があると言われます。一つは、下田のいう執着気質で、几帳面、強い正義感、ごまかし・ずぼらはできない、熱心、徹底的、律儀な性格です。もう一つは、テレンバッハによるメランコリー親和性性格で、几帳面、秩序志向、他者配慮があげられています。

ここで社会的ひきこもりと未熟型うつ病の鑑別について少し述べたいと思います。社会的ひきこもりでは、上記のような典型的な内因性の病前性格がみられません。睡眠障害は、ゲームに熱中するあまり昼夜逆転などの睡眠リズムが崩れた結果生じたもので、未熟型うつ病によくみられる過眠やうつ病本来の熟眠感のなさなどはありません。食欲は通常正常です。ひきこもり状態が長期化すると、食べる時間を惜しみゲームに夢中になり食事量が少なくなります。

ただ、食事の味がなくなった、砂をかんでいるようだといったような味覚の変化はありません。未熟型うつ病では夕方に気分が重い（従来型のうつ病では朝方に一番気分が重い）といったように、気分の日内変動が激しい一方、ひきこもりでは、家族には何もしない無意欲状態に見えていますが、深夜にネットをしたり、音楽を聴いたり、本を読んだりしています。思考抑制などのうつ症状もみられません。そして、彼らに訊くと、何かする気分が起こらないのでなく、何もすることがないとの返事が返ってきます。ひきこもりでは、イライラ焦燥感から生じる攻撃性は家族に向かい、教師や上司を責めることは少ない。また、長期の経過を詳しく観察してゆくと、未熟型うつ病のように、うつ状態から軽そう状態に入ること、急にスイッチが入り活発に動き始めることはありません。

双極性障害との鑑別

最近、青年期に軽症の双極性障害が増加しつつあります。ひきこもり状態から生じた二次性のうつ病と診断して何年かフォローしてゆくと、軽症躁うつ病であることが多々あります。ヒルシュフェルド等は双極性障害の三分の二は誤診されていると報告しています。内訳を見ると、六〇％はうつ病、二六％は不安障害、一八％は統合失調症、そして一四％は薬物、アルコール依存症と誤診されていました。このように、そもそも双極性障害の診断自体が非常に難しいことが専門家の間でも知られています。私も軽度の躁状態に気づかず、双極性障害のうつ状態だった青年を、ひきこもりと誤診してしまった苦い経験があります。

特に男性に多い双極Ⅱ型障害との鑑別が重要となります。軽度の躁病相をひきこもりからの回復状態とみなし、そして、その後出現するうつ病相をひきこもりの再発と考えてしまうからです。そのため、軽度の躁病相の正確な把握が求められます。

3．アウトリーチ――メンタルサポーターの派遣

①ひきこもる若者と出会い治療の場に導入するまで

いかにしてひきこもる若者と出会うのかは重要なところとなります。

ひきこもる若者には対人緊張の強い若者が多いため、予約制で他の人とできる限り顔を合わさない環境を設定することが重要です。先に述べたように、現在勤務中の病院では、外来患者の来ない午後に予約制のひきこもり専門外来を設けています。

前述のようなご家族だけの相談を経た後、最近では、本人がご家族と車で大学や医療機関の駐車場までやってくるケースが多くなっています。その時が治療関係をスタートさせるチャンスです。お母さんと二人だけの車の中は、ひきこもる若者が身を隠す自宅での部屋の延長であり、ほぼ家庭と同じ雰囲気を有する閉鎖空間です。それほど緊張は高まりません。来院して二、三回目に私が駐車場に止められている車まで出向き、よく車中で診察します。ひきこもる若者との〝出会いは車中で〟が、私の口癖です。そして、少し緊張が和らぐとひきこもり臭を漂わせる仲間、メンタルサポーターと引き合わせます。

②メンタルサポーターとの出会い

著者と一対一での診察が可能になると、時機を見計らって仮の友人となるメンタルサポーター一名を診察の場に呼び紹介して、三人で話す機会を持ちます。長く人と話すことなくひきこもっていた若者が、嘘のように最初からサポーターとよく話します。もちろん、緊張が高まることから胸が躍り、冷や汗たらたら流しながら必死になって話しているのですが。このように、外来や病院の駐車場で若者と家族との間にまず私が入り、それからそこにサポーターを一人導入して、ショートケアや自助グループの集まりに導くようにしています。

③どうしても本人が治療の場に出てこない場合――医師の訪問は最後の手段

どうしてもひきこもる若者が治療の場には出てこないという最悪の場合、かつてはひきこもり相談、現在は往診ということで精神科医である私が数回家庭や下宿を訪問して正確な精神状態を把握し、社会的ひきこもりと判断した場合に限りメンタルサポーターを派遣しています。

まず、私の訪問を家族から本人に必ず伝えてもらいます。諾否の返答がなかった場合は原則として家庭を訪問することをよしとしていると考えます。強く拒否した場合は、時間をおいて何回か家族への説明を続けます。通常、いったんメンタルサポーターが受け入れられれば、約半年間で九割近くの若者がサポーターと一緒に外出可能となっています。つまり、他人との関わりを受け入れられると、必ずひきこもり状態は改善に向かいます。もちろん、長年ひきこもりとされ自閉状態を続けている統合失調症など、精神病からくるひきこもりの場合、私たちの突然の関与で興奮状態になることもあります。精神障害が疑われる場合は、保健所と密に連絡を取っておくことが必要になります。大学と違い保健所との連携が容易なのも、病院でひきこもり回復支援プログラムを動かす時の有利な点の一つです。

④ひきこもる若者と出会うためのアウトリーチ活動

戦後しばらくして、制圧的訓戒的教育方法が破綻し始めた頃、非指示的受容的カウンセリング、つまりロジャーズ的接近方法が日本の教育界に取り入れられ、それが現在でも受け入れられています。この接近方法の基本は、訴えにひたすら耳を傾ける受容の姿勢です。もちろん、若者の訴えに耳を傾けないで治療は成立しません。しかし、この接近方法だけでひきこもる青年の問題を解決できるかどうか私は疑問に思っています。前述したように、ご両親からひきこもる子どもに私たちの家庭訪問を伝えてもらって、強い拒否がなければ、イエスの返事がない場合でも強引に訪問したり、サポーターを派遣します。また、病院の駐車場まで何回か来ているのに診察室に入れない場合、私が車の中に入り込み話をして、さらにサポーターを呼んで話をさせては、ショートケアに一緒に行かせています。

このことが、私たちは強引な手口で無理やりひきこもる若者を引き出しているとの誤解を生んでいるようです。こうした私たちのやり方は、怯えて穴倉に逃げ込んだ心優しいウサギの首根っこを掴まえて引き出そうとする、野蛮な輩のように非難されることがあります。そうではなく、私たちは同じように外界の脅威に怯え苦しんでいるウサギをもう一匹、時には二匹、その穴倉に優しくいたわりながら入れてやるのです。怯えている仲間のウサギを見て、恐がっているのは自分だけでないことを知ると、少しは恐怖感が和らぎます。そして、逃げ込んだ入り口から出るのが恐ろしければ、仲間のウサギと時間は少々かかっても、別の方向に穴を掘って抜け出せばいいのだと思います。

【ケース】メンタルサポーター派遣時の母親との対話

ここで、メンタルサポーター派遣時の母親と私（Dr.）の具体的な対話例を紹介したいと思います。

一年近く不登校を続けていた卓球好きな中学生の母親との対話です。

母：前回の診察時に、すぐにメンタルサポーターを家庭教師として派遣すると決めてくれて助かりました。息子が受け入れをいやいや承諾してくれました。もし息子に考える余裕を与えていたら、きっと拒否されていたと思います。「勝手に変なこと決めやがって」とまた私が叱られるところでした。

Dr.：教える教科は何がいいかな。

母：何でもよくできました。一番嫌いな音楽も評価は「5」でした。今学校で習っている勉強を教えてもらうのがいいと思うのですが、ただ、九カ月間も学校に行けていないため、わからないことがあると思うので、プライドが高いからやらないと思いますが。

Dr.：それでは息子さんの一番得意な教科を教えることにしましょう。普通は彼が得意で、サポーターの苦手な教科を一つ選ぶようにしています。サポーターの大学生が問題の回答がわからず立ち往生して頭を抱える状況を作ります。誰だって、続けて勉強をしていないとわからないことがあるのだと理解してもらうためにです。

母：でもやるでしょうか。

Dr.：一教科だけにしましょう。負担とならないように。中体連の卓球の試合に出ることが唯一の願いだといっていると仰っていましたね。そのためには出席が必要だと言われていると。息子さんは宿題をやっていないので学校に行けないと前回言っていましたから、それではまず宿題のプリントだけをやるようにしましょう。息子さんがやれないと言ったら、息子さんの目の前で、サポーターが悪戦苦闘して宿題プリントをやります。一緒にやっていく。わからない問題は答えを写すだけでもよいです。

私の息子も中学の時、宿題は休み時間に友達のを写していました。柔道をやっていて、朝練と放課後の練習、その後夕食を食べると動けずにそのまま寝てしまっていたので宿題はやれず、次の日の休み時間に宿題を写させてもらってずいぶん楽になったと言ってました。まずは宿題を提出できれば負担がずいぶん少なくなります。

母：息子はプライドが高いから、クラスメートのノートを写すなんてことはとてもできないと思います。

Dr.：だから大学生のお兄さん（メンタルサポーター）と一緒に悪戦苦闘してやるのです。回答が出るように彼が助けます。とにかく宿題プリントを仕上げ授業に出やすくする。大学生が額の汗をふきながら一緒にやるのですから、プライドは傷つけない。自分がやったように思えればいい。その意味で、今、このように同席させているサポーターの前で具体的にお話しています。彼は冷や汗をかきながら教えてくれますよ。

サポーター：先生ひどいな。受験勉強していた頃から一〇年近くたっているから、演技をしなくても十分冷や汗ものですよ。軽蔑されないかと心配です。

Dr.：軽蔑されてほしいな。（笑）

母：中体連の試合だけは出たいといっています。受験勉強なんてできないとあきらめています。

Dr.：受験勉強でなくて、中体連に参加するための宿題プリントの仕上げです。それだけの目的でいい。それに、彼は卓球選手としても優秀だったそうですが、不登校期間に体力が衰えていると思います。サポーターの彼とまずランニングでの体力づくりをやらせましょう。

母：そんなこともやってもらえるのですか。中体連に出られるほど卓球の技術を取り戻せるでしょうか。

Dr.：前回、病院のデイケアでキャッチボールからでも始めようかと尋ねたら、僕はそんな素人レベルなんかじゃないと言ってましたね、大丈夫です。卓球の腕には自信を持っています。それにこの若さです。一度身につけた技術は簡単に失いません。体力だけです。半年もあれば勘を取り戻せます。

母：受験勉強は？

Dr.：お母さん、今は彼が唯一望んでいる中体連の試合への参加だけです。

母：すみません。

Dr.：それではメンタルサポーターの派遣は、一回約二時間、そのうち、一時間はランニングです。週二回、一時間千五百円、超過時間は一切無料です。

母：体力をつけるように、毎日ランニングをして頑張れと言ってよいのですか。

Dr.：ダメです。サポーターにまかせて下さい。体が心配だから無理をしないでとだけ言ってやって下さい。疲れすぎると宿題ができても、学校に行く気力を失いますから。いま彼は、もがき苦しんでいるので、気力や精神力も衰えています。ゆっくりしたペースでのトレーニングが必要です。本当に徐々に体力をつければすぐに卓球の腕は取り戻せます。息子さんの中学は、卓球のプロを養成する中学ではありませんから。

ひきこもる中高校生では、スポーツをやったことがない場合が多いのですが、中には勉強に希望をなくし、少し得意であった課外活動で自信をつける子どももいます。スポーツがやれない場合の家庭教師としての派遣も今回の手順と同じです。

彼がサポーターと親しくなった頃に学校の近くまでランニングする練習をやらせました。それが可能となると、学校側と相談して同級生が帰った後の放課後に一人で勉強を指導してもらいました。その後、クラブの友人に誘ってもらっての別室登校が可能となり、さらに、半年後には普通に登校できるようになり彼の目指す高校に進学して勉強や卓球を続けています。数カ月の休養期間が終わると、さらにひきこもらせないために計画的な登校刺激は必要だと私は考えています。

次に、派遣とは違いますが約半年前から下宿にひきこもり過食状態が続いていた女子大生の母親と私との対話例です。

母：有名私立大学の社会福祉学科に入ったのですが、本来やりたい勉強ではなかったと言っています。自分が福祉の仕事をしたいと選んだ大学なのに。

Dr.：いいことです。やっと自分が何をして生きたらよいのか真剣に考えるようになったのです。今は何をやりたいのか具体的にわからないので悩んでいるのだと思います。やりたいことが、ぼんやりと浮かんでくれば、それを具体化する手伝いができます。考える間すこし休学にしてもいいのではないですか。

具体的な目標が出た時に、編入してその勉強をやるのか、新たに大学や専門学校を受けなおすのかを考えればよいでしょう。そのための情報提供は必要です。もちろん経済的な事情によっては、アルバイトをして入学金を稼いで再入学する学生も多いですよ。

母：それでも、皆は三年間で高校を卒業して、目的の大学に入ったら一生懸命勉強して卒業するものでしょう。

Dr.：マジョリティの学生はそうですね。高校では受験勉強に打ち込み、一流大学に入り、よい就職先を探そうとする。それでマジョリティの学生は皆幸せですか？　高校や大学で立ち止まり自分の生き方に悩み苦しむマイノリティの学生は皆不幸ですか？　私のもとに集まっている若者は不登校や長いひきこもり生活の経験者で、社会的常識からすればマイノリティです。しかし、今の自分を不幸だと考えていません。

母：そんなこと納得いきません。

Dr.：そうでしょうね。しかし、少なくとも挫折し苦しんでいるのは、孤独なのはあなたの娘さんだけではない。娘さんも自分だけではないと感じると思います。彼らの経験を聞けば、不本意入学はよくある悩みです。

自分の兄弟の一人が障害を持って生まれたので少しでも人の役に立とうと思い福祉系の大学に進学したが、本当は声優の仕事をしたかったのだと後に語ってくれました。マジョリティの高校生は自分のやりたい仕事を考えることなく、偏差値の結果で大学進学を決めてゆきます。決める際も、家族が理想と考える職業、あるいは社会的評価の高い職業が自分には理想的と思い込んで、受験勉強を続けています。そして、それを本当の自分の理想だと勘違いしています。例えば、親が教師や医師の時、そうした聖職に就くことが自分の使命であると思い込み、義務感にまでなっていたりします。自己確立が始まる青年期になり、彼女のようにようやく自分は何をして生きるべきか、この選択でよかったのか実存の不安に襲われ、それがひきこもりや摂食障害などの青年期の心の病理として表現されるのです。

4．さまざまな状況下でひきこもっている若者へのアウトリーチ活動の実際

①自宅でひきこもった学生や若者の場合

今日、日本では子どもの小さい頃から家庭内に勉強部屋が完備されています。ひきこもる若者からすれば安心してひきこもれる家庭環境に恵まれている、つまり、自宅の中にさらなる逃げ場であるシェルターがあります。学校にいづらくなった若者はまず安心できる家にこもります。しかし、安心できるのもそう長くは続きません。味方であると信じていた（そう思い込んでいた）親も学校への復学ばかりを口うるさく言う、結局は親も学校の教師と同じなのだと失望した子どもは自分の勉強部屋へと逃げ込みます。

欧米ではこのような環境がないため、ホームレスになるケースが多くなると言われています。確かに、学校で挫折し疲れはてた子どもに、安心できる家庭環境は重要です。ただしそれは短期に限り、長期はダメだと私は考えています。長期にひきこもると親子の気まずい雰囲気が悪循環し、若者の執拗な親への攻撃や家庭内暴力が生じます。そのために私は大学生の家出に対しては肯定的です。むしろ自発的なプチ家出はガス抜きの安全弁だと考えています。自立心の芽生えだと考えています。悪循環から崩壊家庭となった若者が家出することによって、親子間の距離がとれるようになります。その時にはもちろん若者と治療者やサポーターの関係が成立していることが前提条件です。家族療法と個人精神療法をスムーズに行うことが可能となり、感情調節がなされ親子の感情の再統合へと向かいます。

大学への相談は、精神科病院での診察に比べて敷居が低いためか比較的容易にされました。また、私が大学の教員という自由な立場だったため、家庭や下宿を訪問することも容易でした。それでも電話やメールで何回連絡しても相談に出て来れないケースが多々ありました。

自宅にひきこもった学生や若者の場合は下宿生と違って、私たちが訪問すると自分の部屋に逃げ込んで会えないことが大半でした。そもそも訪問自体に対し、隣人の目を強く意識します。病院からの往診だと余計厄介となります。そもそも、それまでの家族、特に母親に対する執拗な攻撃や暴力を恐れた家族が、訪問に対し大変慎重で対応が遅れがちになります。出会いの障害となります。

自宅にひきこもった場合には、家族には食事は部屋に運ばないように指導します。多くは家族と一緒に食事をとりません。それで、食事をいつでも食べられるように用意して声かけしておきます。入浴も同じです、お風呂が空いたことを声かけしておきます。洗濯物も洗い場に出させておきます。それ以上の世話はおせっかいです。「おはよう」「これから出かけるから留守番よろしく」、あるいは「もう寝るからおやすみ」等、基本的な日常の挨拶の声かけは必ず続けてもらいます。家族が外出したり寝た後は、本人は自由に食卓で食べたり、居間でくつろげます。

訪問する時は主に勤務時間外の夜に、家族に車で迎えに来てもらって行っています（実は私は運転免許を取っていないので）。家に着くと閉じこもっている若者の部屋をノックして、ドア越しに簡単な自己紹介をし、その後は家族と一時間ほどなるべく大きな声で一般的な話をして帰ります。帰り際に、もう一度声かけをして、「次回は少し話できれば嬉しい、メールアドレスを書いておくからメールでの連絡ＯＫだ」と書いた簡単な手紙を差し入れておきます。数回訪問すると、大学の保健センターや病院でのひきこもり外来に来ることを勧めます。それでも出て来れない場合は、少し年上のメンタルサポーターやひきこもり経験者を紹介します。

　メンタルサポーターが派遣されても、会えるまで私の訪問の際と同じ手順をとりますが、リポーターは連絡に使用するメディアツールが豊富なので有利です。ただ、メールでの相談は最小限にしています。メールは情報量が少ないため妄想的な思い込みを助長します。私たちの思いや感情を伝えるにはどうしても直接会話することが重要です。このことは治療にもつながることです。

②暴力への対応

　家庭内暴力は、同級生が進学就職したことの焦りなどから生じているので、精神障害による被害妄想などから生じた暴力でなければ、私たちのような第三者が介入すると抑制されることを家族に説明します。もちろん、本人が一番プレッシャーに感じる進学や就職の話や同級生の近況などを伝えないように細やかな家族指導が必要です。

　一〇年間以上ひきこもっていた若者の家族、特に母親が家庭内暴力に耐えられなくなり、家の近くにマンションを借りたり、実家に逃れて生活をしていることが多々あります。物を壊す程度にとどまっている場合は、私たちの介入と往診による薬物治療や精神療法で比較的簡単に軽減します。私は、暴力を恐れる両親とともに家庭訪問することがよくあります。障子は破れ、テレビは壊れ、中にはバットで壁に穴をあけた若者もいました。社会的ひきこもりの場合、「物口で両親に食ってかかろうとしても、私ども第三者が止めに入り話を交わすと嘘のように冷静になってくれます。

を壊してもいいから、安いものにしようや」などと話しかけて自己紹介してゆくと、高いＴＶや家具を壊すのをやめ、障子や食器など安いものを壊すようになりました。

家庭内暴力をふるうようになったひきこもる若者は、そんな自分が嫌で後悔しています。助けを求めています。ただそれでも家族の身体に暴力をふるう場合は警察に通報することを躊躇してはいけません。被害届を出さなければ逮捕されることはありません。通常のひきこもりでは一、二回の警察への通報で必ず収まりますが、暴力行為が激化する時は病理性が濃いと考えます。すぐに治療的な関与が必要です。またすでに述べましたが、訪問するまでに家族の話から統合失調症などの精神障害が予測される場合、興奮は幻覚や妄想から生じたもので、自分で暴力行為を不本意にも止められないことが多いため、訪問までに家族に保健所の専門家と相談してもらっておくとスムーズに治療に導入できます。

暴力がひどくなった時には、家族の方に病院に連れてきてもらい入院の措置を取ります。緊急を要する時は、家族が警察に通報して警察の方の協力を得て病院に連れてこられて診察し、入院となるケースも多くなっています。混乱をきたさないように連絡を密にし、診察までに入院体制を整えておくことが重要です。任意入院が望ましいけれど、状況によって本人が入院を拒否した場合でも家族の同意による入院措置をとります。措置入院が必要な場合は法にのっとって行われます。

家庭にこもった状態がしばらく続くと、親はどうしても学校に行かなくてもいいからアルバイトでもして気分転換しなさい、友達に来てもらいましょうかなどとつい口うるさく言ってしまうようになります。こうして家庭も安心できる居場所でなくなってしまいます。学校や社会と同じストレスや威圧感を与える世界へと変貌するのです。もちろん、彼らは毎日無駄な時間を過ごしている自分が嫌で嫌でたまらなく思っています。そこで、口うるさく言う親から逃れたい、あるいは、申し訳ないという気持ちから、次は自室に鍵をかけてこもるようになるのです。さらに、死に

はしないかと心配した親が、閉じこもった部屋に食事を運ぶようになると、まったく自室から出る必要性もなくなってしまいます

日本の家庭は、勉強部屋を完備しているのが普通なので、こうして彼らは二重のシェルターの奥へとひきこもってしまいます。それで、私たちは彼らが構築したバリアーを二回も突破する必要性があるのです。

③中高生の不登校の場合

最近、中高生の不登校の相談をよく受けます。学校側の対応もここ五年間でずいぶんと変わりました。不登校生徒の場合は、ひきこもり状態に陥って一年以上たっていることが多いのですが、私たちが対応する他のケースに比べてそれほど期間は長くはありません。それにメンタルサポーターを家庭教師として派遣することは容易です。それでも不登校となって一年以上はたっているので、派遣された者は大変です。数カ月は不登校生の得意な一教科を挟んでの、会話の少ない悪戦苦闘の時間が続きます。共通する趣味や買いたいものを聞き出すと、本来の活動の開始です。一緒に漫画の本やおやつを買いに出かけます。もちろん出かけるのは、学校が終わった時間帯です。ある不登校の学生はマラソンが好きだったので、半時間は勉強で残りの一時間半はジョギングを続けていることがありました。親御さんはこれでいいのか、高校に進学できるのかと不安で私の外来を訪れます。親御さんの対応は私の役目です。難しい質問がメンタルサポーターに来た場合には、私に電話や外来で訊くようにと言わせています。

サポーターと外出が可能になると、いよいよ登校刺激の開始です。親御さんと学校の責任者と打ち合わせをしてもらいます。長期にわたり不登校が続いている場合は、最初から普通に教室登校をするのは無理です。保健室も他の学生が多く利用するために、一人別室で授業を開始してくれる学校も多くなりました。学校に送るのは母親やサポーターですが、他の学生と顔を合わさずに学校に入れるように登校時間帯をずらし、送るのは学校の近くまでにしてもらいます。成功の可否がかかる重要な時期です。一旦、別室登校であれ登校が可能となると、後は比較的容易です。何度

となく不登校を再開しそうな危機に陥りますが、子どもにはすでにサポーターという相談相手があり、親の不安は私が専門外来で根気よく支えてゆきます。単なる個人精神療法だけではなく、ここでは子どもや学校への具体的な対応を求められます。

④下宿でひきこもってしまった場合

大学生の場合は下宿していることが多いです。大学時代は、下宿したままひきこもった学生のご両親が、「子どもの下宿を訪ねても鍵を開けてくれない、仕送りしたお金が通帳から減っているので生きているかどうかをやっと確認できている、管理人と相談して内からかけている鎖を切断して中に入るべきかどうか迷っている」と相談によくみえました。もちろん、鍵を壊してまで無理やり突入するのは駄目です。大学の保健センターや担任の教員などに対応を相談すべきです。

大学や教員により対応はまちまちですが、最近では嬉しいことに大学でも不登校学生の対応に熱心な教員が増えてきました。ただ、少し注意が必要です。熱心なゼミの教員や同じゼミの学生が、心配して毎日のようにメールで励まし頻回に下宿を訪問してくれることがありました。それでもひきこもった学生は、部屋から出てこないことが多く、逆に抵抗を強めることが普通でした。そこで最初は成績や研究と関係のある教員や学生の訪問は控えてもらい、月に一、二度程度、電話やメールで、〝元気か、調子が良くなったらいつでも出てくるように〟といったふうに、見放していない程度に声をかけてもらうことが大切です。彼らは、担任やゼミの先生には申し訳ない気持ちでおり、同級生やゼミ生に対しては自分だけが落ちこぼれてしまったとの劣等感に苛まれています。この期間は、授業や研究と関係のない私たちに任せてもらいます。

下宿生の場合は親と同居していないので、訪問しにくいと考えていたのですが、実際は逆でした。彼らには母親という盾がないため、逆に何回か訪問すると比較的容易に部屋に受け入れてくれました。それで気軽に下宿を訪問することが多くなりました。こうした経験からの研究成果を報告すると、それを聞いていた専門家の方が、私が関与したひきこもり大学生の回復率が高いのは、大学生だから社会的成熟レベルが違うためだとよく言われます。私はそうではなくて、下宿しているということはある程度親御さん、特に母親との密着度が弱くなっているから回復率が高いのではないかと考えています。下宿だと訪問者側の身構え方も違ってきます。気軽に何度も下宿の入り口まで行って、声かけをして手紙を差し入れてきます。それが重なると、彼らに言わせると申し訳ないという気持ちから顔を出してくれます。

もう少し具体的に説明しますと、まず私は親と一緒に下宿を訪問して簡単な声かけをしていました。もちろん、一度で出てきてくれることはまずありません。親にメールや手紙で私の存在やひきこもりプログラムのことを簡単に伝えてもらい、詳しくは保健センターのホームページを見るように情報を流してもらいました。その後、私が一人で週に一度程度下宿を訪問し手紙を差し入れてきました。手紙の内容は、無理をして授業やゼミに出る必要はないこと、苦しい時は休学届を出してゆっくり考えるのもいいのでないか、一緒に考えないかということ、そして、大学内にありアミーゴの部屋と呼ばれている、いつでも自由に訪れることのできる場所の存在や、そこに同じような不登校やひきこもり経験のある学生が集っていることなどを伝える簡単な内容でした。

手紙を差し入れ、声をかけているうちに彼らはドアを開けてくれました。それまでに四、五回以上、手紙を差し入れました。声かけした後、毎回二〇分はドアの前で待っています。顔を見せてくれる時も時間がかかります。決断するのに時間がかかるからです。ドアを開けてくれれば、ほぼ成功です。下宿で話し、了解を得るとメンタルサポーターを同行させました。そして、話が進むようになると食事に誘うことにしていました。気心を通じ合うのには、一緒に食事をすることが一番です。なるべくメールでなくて手紙を届けるようにしていました。私の苦労を察してか面接に応じてくれる成功率が高いからです。メールを使うのは、今でも自助グループ（アミーゴの会）の情報や私が下宿を訪問すること伝える程度にしています。

また、病院でひきこもり外来を行っていると、いろいろな遠方の大学生の親からひきこもり相談を受けるようになりました。遠方で下宿をしていて、ひきこもり状態が数年も続いているのだがどうしたらよいのかと相談に訪れます。学校のカウンセラー室や精神科の病院に相談に行ったが、何ら変化のないうちに数年が経過したと訴え、専門外来にみえるのです。

親御さんたちからの最初の質問は、無理やり下宿先から実家に連れて帰った方がよいのだろうかということです。それは、やめてもらいます。親が強引に実家に学生を連れて帰り失敗した苦い経験があるからです。子どもが何も意見を言わなかったので、しびれを切らした親が自宅に無理やり連れ戻したら、しばらくして自殺した不幸な事例も耳にしてきたからです。それでは、どうすればよいのか。入学は休学にして、少しお金が無駄になりますが半年か一年は下宿をそのままに残しておくようにしてもらいます。急な退学届もだめです。まず休学にして若者の負担を軽くしてあげて、親子の会話や治療者との会話がある程度できるまで待ってもらいます。

また、何年も留年や休学させておいてよいのか、いつ経済的な支援を打ち切ってよいのかと訊かれます。もちろん、親はいつまでも働いておれません、経済的な限界があります。お金の問題はあくまでも親が主導権を握って行動に移すべきです。夫婦で相談して、例えば、一年間はこのままの状態ですべての授業料や生活費を支援するが、来年も続けて休学にするようなら生活費は自分でアルバイトをして捻出するように、などと具体的に伝えてもらいます。親の収入をまったく知らない若者が多く、彼らは経済感覚が麻痺しています。無制限な経済支援はひきこもりを長引かせると私は考えています。

Ⅲ　ステージ2（治療期）

1．個人精神療法

第二段階の「治療期」では、ようやく治療の場に出てきたひきこもりの青年に対し、精神科医や臨床心理士がまず個人精神療法を行います。その際に、社会的ひきこもりの精神・心理的特徴を考えることが必要です。個人精神療法では、治療者の価値観や西欧精神医学的な概念をひとまず退け、ひきこもりに限らず患者さんの苦しみに無条件で耳を傾け、そして、良好な人間関係を築くことが重要です。それで、精神療法を開始する時、私は自己紹介をすることにしています。通常は、自己紹介と言えば、私が日本人であること（これは普通日本では関係ないですね）、大学の先生であったこと、精神科医であること等を考えられると思いますが、これらは親密さには関係のないことです。私の自己紹介は違います。私の幼少時に、総理大臣が貧乏人はカレーを食えと言ったので、アゲさんが入ったカレーを食べたこと、小学校で休みの王様と言われていたが野球を始めて体が強くなったこと、そして、小学時代は鯨捕りになりたかったことなど、私の生の生い立ちです。

また、私のような老精神科医にとって、ひきこもる若者が生きている時代はまったくの異文化社会です。そこで多文化的視点からの治療が求められます。精神療法の基本は適切なレベルの親密さを確立するとともに、それを維持することです。そのためにはひきこもる若者が生きる文化社会的背景を理解することなくして治療はありえません。つまり、治療のためにはひきこもりを日本文化固有の若者の苦悩の慣用表現形式、一種の文化結合症候群として理解する必要があります。ただ、医師は社会での成功者と見做されています。少なくとも受験競争の途中で挫折した彼らはそう考えています。そのため本来の共感や挫折体験の共有は不可能です。そこで、ひきこもる若者の了承を得てからのことですが、私は個人精神療法の過程でも、同じひきこもりを経験し、今は一歩先を歩いている先輩であるメンタルサポーターを同席させることがあります。

①個人精神療法を行う際に考慮すべき社会的ひきこもりの精神・心理的特徴と社会的成熟度

まず第一に、彼らの特徴として社会的成熟度の低さ、対人関係の希薄さ、コミュニケーション能力の低さが挙げられます。その結果、欲求不満耐性、不安耐性は低下する一方です。次に、自己評価が低いのに反し、プライドが高いことが挙げられます。プライドが高いというより、自信や成功体験の乏しさからプライドにしがみついていると表現するのが相応しいかもしれません。また、本当の「夢や理想」をもてず見栄や世間体にしがみつき、高学歴が人生の成功や幸せを約束するといった受験競争社会と幻想的一体化が生じているのも特徴の一つです。特に聖職者と呼ばれている（た）医師、教師の子どもは大変です。家業を継ぐことはさらなる家族の繁栄を意味すると信じて育ってきます。そんな家庭の子どもが、本当に一生やっていくに相応しい理想的な仕事だろうかと、家業を継ぐことに疑問に感じ始めた時に、また親は家のことだけを考えているのではないかと疑いが生じた時に、本来は自立のスタートとなるはずです。ところがひきこもる若者たちは、聖職と信じている家業を継ぐことを義務と考え、自分の理想の追求を断念します。この結果、大学への興味を失い不登校やひきこもり状態となります。しかも親子ともに気遣いや腹の探り合いから本音を語れなくなり、偉大な父を頂点とした家族は完全に機能不全に陥ります。

さらに思春期には強迫傾向が強くなり、過度なこだわりによって疲れ果てた結果、大学や会社に出るエネルギーを奪われます。

私は、社会的ひきこもりのタイプの違いは、社会的成熟度の達成レベルから生じると考えています（表2）。まず、（1）は幼児期に問題がある場合です。過保護や過干渉から生じる過度な母子密着は成長を妨げ、不安耐性が低い子どもになります。児童から青年期にかけて学業の挫折や些細なトラブルでストレスが高まると、これらの問題を抱えた

表２　社会的成熟度と社会的ひきこもり

（１）幼児期の課題：人格の基礎形成期、母子関係
　課題達成の阻害要因：母子密着、母子分離困難、過保護、過干渉
　阻害された結果：《キレル世代》〈不安型ひきこもり〉

（２）児童期の課題：遊びによる仲間作り、協調性、自然との共感性、ソーシャルスキルの形成
　課題達成の阻害要因：管理されたスポーツ、塾通い、ネットゲーム依存
　阻害された結果：《ひきこもり世代》〈強迫型、人間不信型ひきこもり〉

（３）思春期・青年期の課題：恋愛、大人の模倣、自己確立
　課題達成の阻害要因：受験勉強、バーチャル・コミュニティ
　阻害された結果：《アパシー世代》〈スチューデント・アパシー〉

子どもは学校生活に不適応をきたしやすく不登校やひきこもりを生じやすくなります。また、すぐキレたり、不安障害型のひきこもり状態に陥りやすいのも、この時期での問題が原因と考えられます。

この不安症状の強いひきこもりも、最近は大学生にも多くみられるようになりました。登校時に消化器症状や頭痛などの身体症状を訴え不登校となり、その根底に幼児期の母子分離に問題があると考えられるケースです。私たちは成長の段階で母親などの依存対象から分離、自立して大人になります。幼児期から学童期には、分離に伴う不安は直接表現することは少なく、身体的不調や問題行動として間接的に表現されます。身体症状としては、頭痛、腹痛、吐き気などの自律神経系症状が多く、問題行動は執拗な甘えや赤ちゃんがえりや乱暴な行為などです。これらの症状が母親の過保護や過干渉が目立つひきこもりの若者にもみられます。分離不安の問題は親子関係の相互作用で形成されます。それで治療はまず親の心の安定をはかり、次に子どもが徐々に年齢相応の親との距離がとれるようにすることです。それには認知行動療法などの精神療法と同時に、親に対するカウンセリングや家族療法が必要です。

次の（２）児童期の問題としては、いわゆるお受験などで、遊べる時間と環境が不足していることで、男子女子関係なく群れて自由に遊び仲間を作る機会を奪われた子どもたちが、遊び仲間に入れず、人間関係を築くのが苦手となったりします。いじめのような困難な状況にあっても、親しい仲間や大人がいないため、

相談する相手がいません。この結果、強迫傾向や人間不信の強いひきこもりを生じます。

この強迫・劣等感の強いひきこもりの若者は、中学時代の母親の言葉が、そして、あの担任の言葉が今の不幸な自分を作ったと執拗に訴えます。親や教師に不信感が強いこのタイプには、まず心の許せる治療者が必要です。治療は認知のゆがみを修正する認知行動療法が中心となりますが、安心できる治療者を確保できると次は仲間作りです。ショートケアでは同世代には拒否感情が強いため、まずは一、二名の先輩との交流からスタートさせます。

そして最後に（3）思春期・青年期の問題です。この時期は異性を意識し、親友と呼ぶ友人ができます。自己確立に悪戦苦闘する時期でもあり、スチューデント・アパシーは自己確立に立ち往生した若者の姿です。

この時期には、他者と比較競争する中で、自分の能力や適性の限界が明らかになってきます。この際に、完全主義志向や自己の特別視が強い人は、失敗して劣等感を味わうことを、つまり自己愛や自尊心が傷つくことを回避しようとします。しかし、否認の心理的力動が働くため、このことに対してほとんど悩まず、無関心な態度を示すためスチューデント・アパシーの状態になります。つまり、自分の本来の能力や適性に限界を感じながらも、そのことに立ち向かい自己確立を図ることを回避して、本業である勉強や仕事に対して無気力になりやすく、遊びや娯楽に対しては意欲的になるのです。

他人が羨む大学や会社に入っているのに、本業である学業や仕事ができず、次第にひきこもってゆきます。彼らの特徴は、一見プライドが高い生意気な若者に見えますが、本当は自信や成功体験の乏しさからプライドにしがみついていることが多く、また、見得や世間体、つまり見せかけの理想や非現実的な目標にしがみついています。親や社会が理想とする職業を自分の理想と勘違いし、本当の夢や理想を持てず自己確立をはかれずに立ち往生している若者です。治療では彼らを受容し、文学や絵画を共に語り、また人生不条理などと哲学論を真剣に論じ合います。そして、彼らは集団精神療法で豊かな知識を披露する場を得ると、活発に発言するようになります。実際に小説やイラストなどの作品も披露してもらいます。プライドを傷つけないように、あるいは本来の豊かな才能を壊してしまわないように配慮しながら、仲間やスタッフと意見を交わし、非現実的な考えを修正し、正しい自己評価と本来の理想と目標をもてるように指導してゆきます。

社会的成熟度とひきこもりの問題を考える時、私は、児童期の自然との共感性の喪失が一番大きな問題だと考えています。元来、文化とは自然の営みの中で形成されてきたものです。それがひきこもり世代の若者が生きてきた時代の文化は、第4章で述べるように無機質なネット環境です。ひきこもり世代の若者は、ネット環境を基本文化と考えています。ソーシャルスキルの獲得の前に、自然との共感性の問題を忘れてはいけないと思います。心理学は一見文化とは無関係のように考えられ、しかも、基本的な心理プロセスについて、西欧アカデミック心理学は普遍的な知識をもたらすものであると考えられがちです。この誤った理解が、ひきこもり世代の若者の自然との共感性の喪失という根本問題を見失って、精神科医を精神療法に走らせる危険があると考えています。

②幼児期の母子関係の重要性

愛着理論（Attachment theory）

愛着理論は、心理学、進化学、生態学における概念です。子どもは社会的、精神的発達を正常に行うためには、少なくとも一人の養育者と親密な関係を維持しなければならず、それがなければ、子どもは社会的、心理学的な問題を抱えるようになるという考え方です。この愛着理論は、心理学者であり精神分析家でもあるボウルビィによって確立されました。幼児は、生後六カ月頃より二歳頃までの期間、継続して幼児の養育者であり幼児と社会的相互作用を行い幼児に責任を持つような大人に対して愛着を示す。この時期の後半では、子どもは、愛着の対象者（よく知っている大人）を安全基地として使うようになり、そこから探索行動を行い、またそこへ戻る。親の反応は、愛着行動の様式の発展を促す。そしてそれは、後年における内的作業モデルの形成を促し、個人の感情や、考えや、期待を作り上げるというものです。

愛着理論は、もともとは動物の行動観察から生まれてきました*注2が、人間の行動について使われるようになったのは、ボウルビィらの『母子関係の理論』で、第二次大戦後のイタリアの孤児院での孤児の罹病率、死亡率の高さについての研究報告以来のことです。ボウルビィは『愛着と喪失』（一九六二‐八二）の三部作の中で、愛着理論の全容を発表しました。この理論は、生後早期の社会的発達を理解するための主要な研究手段となり、子どもが親密な関係を構築する過程に関する研究の発展をもたらしました。

マヤ系先住民の村での母子関係

マヤ系先住民の集落では、生後数カ月間赤ん坊を大きな風呂敷のような布ですっぽりとくるみ、四六時中肌身離さずにいます。そして、一歳ごろに呪術師を呼び身体と霊魂の結合を強化する儀式を行います。子どもが虚弱な場合、特に儀式は念を入れ行います。身体から子どもの霊魂が離脱すると病気になり、その魂を呼び戻せないと死んでしまうと信じられているからです。子どもたちを悪い力から守るのは神の目です。一方それとは逆に、〝邪悪な目〟があります。〝邪悪な目〟は子どもがよくかかる病名の一つでもあります。〝邪悪な目〟と呼ばれる病は、子どもが落ち着きを失い、不機嫌となり泣き叫び続け、食事が十分にとれなくなった状態のことをいいます。放置すると衰弱し、死

＊注２：有名な動物実験にサルの人工飼育の実験がある。針金でサルの模型を二体作製し、一方の模型からはミルクが出るように、そしてもう一方の模型にはサルの毛皮を着せ、しかも本物と同じような体温を保つようにして、そこに赤ちゃんザルを放して飼育した実験である。赤ちゃんザルはお腹がすくとミルクが出る模型に、そしてお腹がいっぱいになると毛皮のある模型に抱っこして、無事に育ったが、このサルが大きくなってサルの仲間に戻されると、異変が生じた。なかなか仲間に入れないのである。しかも、何とか仲間を得て子どもを産むサルも出てきたが、育児放棄する母ザルが多いことがわかった。乳幼児の母（父）子関係が、成長後の精神や行動に重要な影響を及ぼすことを教えた実験である。動物の人工飼育の実験は、ラットでも最近行われ、人工飼育が遺伝子にいかなる影響を与えるのか研究されている。

亡することすらあります。身体と霊魂の結合強化儀式は、邪悪な目やさまざまな病気から子どもを守り、精神的にも安定した子どもに成長するために必要だと考えられています。村人に神の目とは何かと尋ねると、お母さんの優しい眼差しだと教えられました。

発達における母子分離の大切さ――養父の儀式

古代マヤ社会では、三歳以上の子どもを親元から離し、密林の小屋で一定期間生活させた後、吉日に清めの儀式を執り行い命名します。儀式は両親が子どもをハンモック上に投げ出し姿を隠すことから始まります。泣き叫ぶ子どもを養父がとり上げ、男の子には森で狩猟方法やトウモロコシ畑で焼畑について、また女の子には水場や料理方法を教えます。そして、再び家に連れて戻った時、両親や親戚の人が姿を現わし祝宴が催されます。養父の儀式は死と再生の儀式であると同時に、現実的な機能を持っています。第一は、母親から子どもの分離を促進する心理的効果です。そして第二は、病気や危険な密林で実父母を亡くした子どもを養う養父母、つまり、儀礼的血縁関係を作っておく共同体の扶助組織の形成を意味します。このようにマヤ人は、神の目に守られてすくすくと心身ともに健全な子どもに成長すると考えています。

通過儀礼を喪失した現在の日本では、過保護や溺愛によって母子分離がスムーズに行われず、児童青年期に逃避傾向や不安耐性の低い子どもとなり、その結果、学業の挫折や些細なトラブルでストレスが高まり、学校などの生活の場で不適応をきたし、不登校やひきこもりが生じていると考えられます。

2. 薬物療法の必要性

小中学生の不登校と同様に、ひきこもる若者でも頭痛、下痢や嘔吐を主とした胃腸障害などさまざまな身体症状を訴える者が多くみられます。授業中に頻回襲ってくる尿意で登校困難となり、ひきこもってしまうケースを多く経験しました。最近は、大学受験に際して特別配慮を求めてくる学生の診断書に年々「頻尿」の病名が増加していました。このような身体的な不調に対する治療も必要となってきます。

①薬物療法による医療的後押しの必要性

よく家族の方に、ひきこもりは病気でないのにどうして薬を飲まなくてはいけないのかと訊かれます。ひきこもり期間が短い場合にも、落ち込んだりいらだったりするのは当然ですが、さらに、ひきこもり期間が長くなるに従い、抑うつ気分、心気症状、対人恐怖症状から関係・被害妄想に至る多彩な精神症状が二次的に出現します。また不安感が高まり家庭内で不安発作や興奮状態を示すこともよくあります。それらの不安や緊張、さらに一時的に病的にまでなった症状を和らげることなく外に連れ出そうとするのは無謀です。そのため、四段階からなるひきこもり回復支援プログラムでは、ワンステップ段階を進め、ひきこもり状態から病院や居場所へ、そして社会へと一歩踏み出す際にこうした精神症状を軽減し外出時の緊張を緩和するために一時的な薬物療法が不可欠と考えています。メンタルサポーターの派遣が成功して、サポーターと一歩外に足を踏み出そうとする際、どれほどの緊張感が生じるか容易に想像できます。緊張で心臓が張り裂けるように鳴り響き、周囲の視線が痛く突き刺さり、あたりの建物や空気自体が彼らに強い威圧感をもって迫ってきます。適切な薬物療法はこうした症状を和らげ、次の段階へと進む後押しとなるのです。

②薬物療法の効果

抗うつ薬

うつ状態を軽減するためのさまざまな薬剤が開発されています。社会的ひきこもりから二次的に生じるうつ状態などに私がよく用いる薬物を簡単に紹介します。

選択的セロトニン再取り込み阻害薬ＳＳＲＩ：抗うつ薬の代表的な薬剤です。このタイプの抗うつ剤の使用量と自殺とは逆相関関係にあるといった論文が米国で報告されたことがあります。現在でも一番よく使われる薬物として知られています。二〇〇九年五月の調べでは、日本国内で一〇〇万人以上が使用していると推定されています。現在社会において、うつ病や抑うつ状態で苦しんでいる人がいかに多いかがわかります。

うつ病に関係する脳の神経伝達物質として、セロトニン、ノルアドレナリン、そして、ドーパミンが挙げられます。ＳＳＲＩは、シナプスにおける主にセロトニンの再吸収に作用する薬です。「選択的」とされるのは、他の神経伝達物質に比べセロトニンの再取り込み阻害作用のみでアセチルコリン等は阻害しないこと、ノルアドレナリン対セロトニンおよびドパミン対セロトニン比が大きいことを意味します。

シナプス前ニューロンから放出された神経伝達物質セロトニンは、シナプス後ニューロンにあるセロトニン受容体に作用します。シナプス間隙に貯まったセロトニンは、セロトニン・トランスポーターにより再取り込み（吸収）され、再利用されます。うつ状態にある人はシナプスにおけるセロトニンの濃度が低下し、セロトニン受容体にセロトニンが作用しにくい状態となっているというモノアミン仮説があります。ＳＳＲＩはセロトニンを放出するシナプスのセロトニン・トランスポーターに選択的に作用し、セロトニン再取り込みを阻害します。この結果セロトニン濃度が高く維持されるようになります。

ひきこもりの第一期（〜六カ月）や第二期（六カ月〜二、三年）に、救済への期待が叶えられず、ひきこもり状態からの脱出に失敗すると深い失望感から抑うつ状態に陥ることがあります。また、勇気をふりしぼって外出を試みパニック発作に襲われることも多々あります。この抑うつ状態の改善やパニック発作の予防にＳＳＲＩが有効です。また、第四期（一〇年〜）にも、両親の老齢化や病気などで経済的な破たんからホープレスな状態となり、うつ状態や自殺念慮が強くなります。この時にも有用です。

セロトニン・ノルアドレナリン再取り込み阻害薬ＳＮＲＩ：これも代表的な抗うつ薬の一種です。主に大うつ病や気分障害の治療に使用されます。不安障害、強迫性障害、ADHDなどでも処方されることがあります。この薬の特徴は、シナプスにおけるセロトニンとノルアドレナリンの再吸収を阻害することで、これらの神経伝達物質の濃度を増加させることによってうつ症状を改善します。SSRIがシナプスでセロトニンのみの再吸収を阻害するのに対して、SNRIではさらにノルアドレナリンの再吸収を阻害することによって、興奮神経を刺激し、やる気や気分をあげる効果も発揮するとされています。それで、私はこのSNRIを、教師や同級生からのプレッシャーに耐えながら一歩足を踏み出そうとして躊躇しているひきこもりの初期と、そして、相談を受けることが一番多い第三期（三〜一〇年）、焦りが内在化しひきこもり生活に適応した状態の若者に対して、意欲を刺激するためによく用います。

ひきこもり状態にある若者は、ひきこもり状態を解決する薬を下さいと訴えます。もちろん、そんな薬などありません。私はひきこもる若者に「薬は君たちが一歩前進を始めるための後押しをするだけです」と説明しています。私はひきこもり状態からの回復過程で、このように足を踏み出せずに立ちすくんでいる若者に、一歩進む後押しをするためにSNRIをよく用います。あくまでも後押しです。薬物への過剰な期待はひきこもりの回復にはつながりません。

抗不安薬

不安およびそれに関連する心理的・身体的症状の治療に用いられる薬剤です。主に不安を和らげる目的で使用されます。抗不安薬はマイナー・トランキライザーと呼ばれています。この代表的な薬に、ベンゾジアゼピンがあります。この薬は、不安を軽減するために短期的に使用されるものです。ベンゾジアゼピンは、通常、短期的な中枢神経の沈静が必要な時の第一選択肢であり、さまざまな症状の治療に使用されています。長期間使用すると、患者に耐性・依存性が起こることがあり、乱用に対する警告が発せられています。

初めての診察時や、居場所で安定して就職活動を始めた時に、面接での緊張の緩和にこの抗不安薬が有効です。就職活動や復学予定が決まると、その一カ月程前から計画的に投与して不安・緊張を和らげるようにしています。

抗精神病薬

広義の向精神薬の一種で、主に統合失調症や躁状態の治療に用いられるほか、幅広い精神疾患に使用されます。メジャー・トランキライザーとも呼ばれています。

主に、中脳辺縁系のドパミン作動性ニューロンのドパミンＤ２受容体を遮断することで、妄想や幻覚と言った精神症状を軽減させる効果があります。また、脳の興奮状態を抑制させる作用を利用して、抗不安薬では取り除けないような強度の不安や極度のうつ状態、不眠に対する対処薬としても利用される場合もあります。

現在用いられている抗精神病薬は、大きく定型抗精神病薬と非定型抗精神病薬に分けられます。最近多く使われている非定型抗精神病薬は、従来の定型抗精神病薬と比較してドパミンＤ２受容体拮抗作用に加えてセロトニン５ＨＴ２Ａ受容体拮抗作用を有する薬剤で、錐体外路症状[＊注３]・口が渇く・便秘と言った副作用が少なく、統合失調症の陰性症状にも効果が認められる場合があると言われています。

青年期の感情の嵐、興奮状態を抑えて冷静さを取り戻してもらうために、また、家庭内暴力時に私は好んで少量の抗精神病薬を使います。

＊注３：錐体外路症状は運動過少と運動過多の二種類に大別される。運動過少には身体の筋肉が持続的に強くこわばる固縮や無動などがあり、運動過多には、自分の意思に反して生じる振戦、不規則で非律動的に素早く手を曲げたり伸ばしたり、舌を出したり引っ込めたり、首を回すなどを素早く行う運動（舞踏運動）、ゆっくりとねじるような運動（アテトーゼ）、そして持続的に筋肉が収縮したり固くなったりする（ジストニア）などの不随意運動がある。

3. ショートケアと集団精神療法

個人精神療法はもちろん必要ですが、ひきこもりに対しては集団精神療法は不可欠です。ショートケアで行われている集団精神療法の実際に関しては、次章で詳しく述べたいと思います。ショートケアでは、中心となる集団精神療法の他に、芸術療法、スポーツ・レクリエーション、ロールプレイング、SST等の技術を用います。

芸術療法で近年注目されているのは、アール・ブリュット（生の芸術）活動です。この活動は、二〇世紀初頭にフランスの美術家ジャン・ジュビュッフェにより活発に行われるようになりました。アール・ブリュットとは、正式な美術教育を受けず、作品として発表する目的もなく、ひたすら独自の創作を続けている人が描く作品のことを意味します。英語ではアウトサイダー・アートと呼ばれています。ショートケア参加者で、ひたすら切り絵やイラスト、そして、小説を書き続けてきた三人がいて、彼らの作品の素晴らしさに私は感動させられました。そして、ショートケアで私が彼らの作品の評価とコメントをしたため、彼らの作風を変化させてしまったことを後悔した覚えがあります。アール・ブリュットは彼らのそのままの創造性を発揮させるものです。彼らは作品を創作している時に喜びの時間を感じ、展示会を開きたい、評価されたいという目標から解放され、創作活動に没頭する「時」、その瞬間を生きています。

図１　芸術療法での作品

ショートケアの集団精神療法では、言語中心としたコミュニケーション能力の強化が中心ですが、言語以外のコミュニケーションを媒体とすることも重要です。レクリエーションでのダンスやゲーム、そして、芸術療法でのコラージュの共同制作（図１）、アール・ブリュット活動などです。創作活動を通じて彼らは喜び、不満や怒りの感情を伝え合います。

また、若者はヴィジュアルな媒体を介して対話が可能となることもよくあります。マヤの人たちが、ヴィジョンを介して神々と対話するのと同様に、ヴィジョンを介して他者が生きる異界を体験することが可能となります。

4. 家族療法と家族会

①家族療法の必要性

家族カウンセリングは不可欠です。ひきこもりの関与者は説得ではなく、ゆっくりと彼らの長所を発見して、毎日の生活の中でできていることを具体的に示すことです。例えば、家庭内で彼の役割がないかを探してもらいます。お風呂の掃除とか簡単な日常的な仕事でいいのですが、一番長続きするのは祖父母の手伝いです。高齢社会で、お年寄りが身近に誰かいるものです。食事や温かい飲み物を持って行ってあげたり、病院やデイサービスの送迎の介助などを勧めています。意外と積極的に手伝います。そして、その時は、そんなことは当然と言わないで、心からありがとうと声をかけるように家族に指導しています。

親御さんには、徐々にご夫婦中心の生活を取り戻すように努力してもらいます。もう長年大婦で旅行もしていないのですが、子どもを放って旅行してもよいでしょうか、といった質問をステージ2からステージ3に至る過程でよく受けます。私は積極的に旅行を勧めています。子どもを一人で残しておくことに不安があれば、サポーターを泊まりに行かせますとお伝えしています。ただし冷蔵庫が空になってもお許し下さいと。もちろん彼らは二十歳を過ぎた若者で、一人で留守番ができる年齢です。ご両親が仲良く旅行する姿を見て、寂しさの感情と同時に、間違いなく肩の荷を降ろしたようなほっとした気持ちになることだと思います。思春期以降の子どもは、大人として扱うよう心がけることが重要です。

ともすれば家族は叱咤や激励しがちです。議論をやめ、ごく普通の会話を続けることが、これは非常に難しいのですが大切です。そのために、子どもがショートケアに参加し始めたら、その日に行ったことについて尋ね、例えば今日はケーキを作らされたが、形にならなかった、つまらない絵を描かされたなどと必ず体験の具体的な内容を家庭での会話の中に取り入れてもらうことにしています。

また、前述しましたが、家庭内暴力は解決の好機であり、家族だけで抱え込まず精神保健の専門家等の第三者の関与を求めて下さい。

ひきこもる若者を持つ家族の心理特徴として、未熟型うつ病でとり上げた過保護、過干渉に加え、ダブルマインド的傾向が挙げられます。批判や否定的な言葉が多いのに、小さな子どもを扱うように世話を焼くダブルマインド的な母親の言葉や態度は、不安定な若者の心をさらに動揺混乱させます。

ひきこもりに対して、すぐに問題解決するような完璧な治療方法はありません。いったんメンタルサポーターと外出したり、精神科医のもとを受診するようになってからも、外出の誘いや診察を拒否することもあります。気分の変化の波は続きますが、一喜一憂する必要はありません。といってもこれまで何度と失敗を繰り返してきた家族にとって冷静さを保つことは容易なことではありません。ひきこもる若者を抱えた家族は、いつまでこの状態が続くのかと不安と焦燥感で苦悩しています。そういった親の姿が、子どもの負担やプレッシャーを高めます。つまり、ひきこもり体験自体がトラウマとなり悪循環を繰り返すのが特徴です。そこで何とか悪循環の連鎖を断ち切ることが必要となります。外来で積極的に支持的な家族療法を行う必要があります。

この悪循環を親子のコミュニケーションが断つとよく言われますが、私は悪化した親子の対話の早急な改善は至難の業だと考えています。私の場合、まず第三者、つまり精神保健の専門家やメンタルサポーターを、密室化した家庭に送り込むようにしています。冷却期間をもうけて、親子間の適切な距離をとれるように仕向けます。

もちろん、家族の不安への対応は重要です。この時、家族を介しての子どもへの治療的働きかけが成否を決定すると主張する専門家は多いのですが、私は反対です。理由は、すでに述べましたように悪循環を打ち破るには、つまり悪化した家族関係を改善するためには、一度密着しすぎた親子関係の距離を少し離す必要があると思うからです。そのために私は、親と子に対し別々に治療介入することにしています。できればそれぞれの治療者も異なる方が好ましいと考えています。

親子間の適切な距離は、悪循環を断ち切ると同時に根本的なひきこもりの解決への一歩となると確信しています。ひきこもる若者の基本的課題は、対人関係の希薄さや困難さ、そしてソーシャルスキルの未熟さにあることに関しては専門家の意見が一致するところです。なかでも私は、ソーシャルスキルの未成熟さをひきこもりの根本的な問題の一つと考え、その改善を第一目標としています。この二つの課題を解決し、最終目標である家族からの自立や社会参加を実現するためには、あまりにも濃厚な親子関係から離別する緩やかなスタートがこの段階から必要と考えます。それでひきこもる若者には私たちのプログラムへの導入を、そして、親には専門家による家族療法や家族会への参加を勧めています。

②家族会への参加

家族会の意義の第一は、本人同様に家族が苦しみを共有できることです。家族会で共通の悩みや失敗談を語り合うことで、家族は不安を和らげるとともにストレスを発散できます。また、それぞれの子どもの回復過程が異なるので、「私の子どもはひきこもり一〇年目にして初めてアルバイトを始めた」「うちの子は親の猛反対を押し切って大学を退学したが、残った単位を通信制の大学で取り始めた」などといったように自分の子どもより先の段階に進んでいる若者の情報は、家族に具体的な方策や希望を与えます。情報交換は、他の慢性疾患と同様にいかがわしい民間療法や偽宗教の勧誘などから身を守ることを可能とします。ひきこもり治療中の若者が行うさまざまなイベント、シンポジウムやボランティア活動に、個人ではなかなか参加する勇気が起こらないのですが、家族会で応援することにより容易になります。

③兄弟との関係

【ケース】兄弟との関係がこじれて、弟も不登校に

高校二年生の頃からひきこもり始めた二二歳の男性です。彼は両親と弟の四人暮らしをしていました。父が帰宅すると、中学生の弟はテレビを見ながら父と明るく話し始める。すると彼が耳を押さえ自室に閉じこもってしまう。気をつかった母が「お兄ちゃんがしんどがっているから、しばらく静かにしてあげましょうね」と、団欒のひと時を中断させてしまう。父、母、弟の会話が家庭から消え、そうこうするうちに弟まで不登校となってしまった。そして、彼はそれ以後一切部屋から出なくなり、母親を攻撃し始めました。そして「すべて私の対応が悪かったからです」と母親が外来を訪れたのです。家族四人が気をつかい、悪循環の連鎖に陥った状態でした。

私が彼を家族から引き離すことにしました。まず専門外来を受診させました。母親の気づかいに窒息感を、そして家族から疎外感を感じていた彼は、すぐにショートケアに参加するようになりました。彼はひきこもっていた自分が家族を崩壊させたと自責の念にとらわれながらも、父や母とべったりとくっつき楽しく話す弟を許せなかったのです。家庭でもなるべく弟と顔を合わさないようにさせ、進学を強く希望していた彼に図書館で勉強を始めさせました。父親と弟には普通にテレビを見て話すように指導したので、母は兄がかわいそうだと強く抵抗したのですが、弟と一緒にいること自体が彼を苦しめていることを徐々に受け入れるようになりました。ショートケアでは仲間と楽しく語り、図書館でも不本意に感じながらも勉強がはかどるようになりました。一年後には、「本当は母親の干渉から逃れ一人になりたかったのかも、父や母の対応が弟と違うのは当然、二二歳なのだから」と冷静に家族との距離が取れるようになりました。

ご両親は兄弟に助言をしろ、話し相手をしろなどと言いがちです。私も何度も苦い経験をしました。同じ大学に入学して順調に単位を取っている弟に、ひきこもっている兄へ勉強を教えさせようとした、あるいは、医学部に入った兄に、ひきこもりの弟に勉強をさせアドバイスさせようとするのを黙認したところ、最悪の結果をもたらしました。普通に大学に通い、普通に仕事をしている兄弟に、彼らはコンプレックスを感じています。どんな兄弟の助言は本人にとって苦痛以外の何ものでもありません。兄弟に対してどれほど肩身の狭い思いをしているか考えてあげて下さい。兄弟間での理解が乏しいのはごくあたりまえのことです。お前はクズだと罵り続けている兄弟すらいました。

④精神療法家は家族と若者の間で中立であり得るか

大学時代の経験では、ひきこもった学生を心配し、熱心なゼミの先生や優等生のゼミ仲間が家庭訪問や下宿訪問をして、上手くいったためしがありませんでした。熱心に指導し卒業させようとする指導教官の働きかけに、申し訳ないと自分を責め、研究をスムーズに進めているゼミ生の姿を見て、不甲斐ないと自分を責めます。さらに、意識的、無意識的にかかわらず、教員に不登校学生を攻める気持ちが生じるのは自然なことです。ひきこもる学生たちは、そのような教師の心の動きに非常に敏感です。このことから、不登校となった学生が、指導教官に直接悩みを相談することはあまりありません。そして、あってもうまくいかないのが常です。それでは、大学当時、保健管理センターの精神科医であった私は中立であったかといえば、やや大学寄りであったと認めざる得ません。しかし、私は彼らの現実的な悩みである単位とは無関係であることが、救いと言えました。

そして現在、病院ではどうだと言えば、気の弱い私はひきこもる若者と治療関係が成立して以後は、家族との面接や会話はなるべく少なくしています。もちろん、すでに述べたように不安な家族への対応は必要不可欠です。そこで、私は若者との関係を優先し、家族への対応や対策を本人と十分に話し合ってから家族と話すことにしています。ご家族の方はずいぶん不満を感じていると思いますが、若者が家を離れ、仲間と遊びアルバイト探しをするようになれば納得していただけます。

Ⅳ　ステージ3（仲間作り）

1．居場所への導入

①安心して群れる場と仲間作り

ひきこもりの根本的な解決に一番重要なのは仲間作り、居場所作りです。いよいよ、プログラムの中心となる第三段階の「仲間作り」についての詳細を説明します。

仲間作りはメンタルサポーター、精神保健福祉士（ＰＳＷ）、そして臨床心理士が担当します。現在、病院という性格上、有料のショートケアで集団精神療法や仲間との出会いの場を作っています。病院で行うショートケアなので、参加していると重症の精神病と思われないかという不安があったようですが、逆にそんな彼らが精神科病院の暗いイメージや雰囲気を変えつつあります。それに長期間にわたり非医療機関でのひきこもり相談（主に家族相談）に高額なお金を払っていた家族も多く、病院のプログラムなら、何よりも医療保険が使え、経済的負担が少なくなることが喜ばれています。

ただ大学でのアミーゴの部屋のようにはふらっと訪れて時間を過ごせる場がないため、病院では水曜日にショートケア室を自由に使えるように開放しています。それでも十分でないため、診察などに追われ主人不在の私の研究室が彼らの居場所になっています。

最近、五年以上緘黙状態を続けており、外来でも一言も話さなかった若者が二名、ショートケアへの参加を希望しました。当初は一人でじっと座ったままでしたが、ショートケアの仲間たちは彼らが話さないことをまったく意識せずにゲームや縄跳びなどのスポーツに誘い続けていると、いつの間にか参加するようになっていました。仲間たちは

図２　料理教室で作ったケーキ

図３　バーベキューを楽しむ

ゲームをしながら笑いかけ、そして、遊び戯れながら体をぶつけ合っているうちに彼らは小さな声で話すようになりました。そのうちの一人の就労支援をしてくれている外部のジョブコーチは、本当に彼がショートケアで話すのかとまだ信じられないようですが、ショートケアだけでなく、居酒屋での食事会で初めて会った女性に声をかけられても自然に受け答えしています。会話を意識しないで、笑い肩を寄せ合い遊ぶ仲間たちとの自然なコミュニケーションが彼らの緊張をほぐし、言葉を話させたのだと思います。

病院でのプログラムのショートケアに慣れた後、メンタルサポーター主導の自助グループ「フロイントの会」に参加するようになります。ショートケア開始半年後には四、五人がグループを組み、最初は私も参加していましたが、次第に自分たちだけで喫茶店や食事に行くことも可能となりました。さらには、ショートケアの参加者が連絡をとりあってカラオケにまで出かけるようになっています。

大学内でのひきこもりプログラムでは彼らを自助グループ・アミーゴの会と学生サークル・ラテンアメリカ研究会（ＬＡ研）の一つのグループ活動に参加させていました。私が関与したこの二つの会について説明しますと、前者は一九九三年にまず和歌山大学で自助グループ「老賢人会」として結成されました。後述するＬＡ研究会を発足した一九八二年当初から、アパシータイプの留年した学生たちが私のもとに集まりだし、彼らが「俺たちは大学に長くいるが四年で卒業する学生たちよりも賢いのだ」と少々自嘲気味な意味合いと、ユングの老賢人のイメージをあわせ命名したのです。ユングの心理学におけるオールドワイズマン（老賢人）は、無意識下にある父親像を表現しています。男性の理想像であり、現実社会の社会的権威を超えた仙人のようなイメージです。その後、「老賢人会」では野暮ったいなどの意見が強くなり、二〇〇三年に「アミーゴの会」に名称を変更しました。不登校やひきこもる大学生ばかりでなく、さまざまな悩みを抱える若者の支援活動を私と共に活発に行ってくれました。この自助グループの中から、これまで優秀な（？）メンタルサポーターが大勢誕生しました。

初期の老賢人会時代に、彼らがどのように後輩学生をサポートしてくれたのかを簡単にまとめ報告したことがあります。すると、彼らはセンターが関与したひきこもり学生の四三％に関与していて、そのうちの八五％が卒業し社会参加しているとの驚くべき結果が出てきました。日本では、ひきこもる若者への対応に苦慮していた頃のことです。この結果から、私はひきこもりからの脱出には、同じ苦しみを共有する若者の派遣が効果的であるということを確信して、二〇〇二年に和歌山大学でひきこもり回復支援プログラムを作成して、学内外でひきこもる若者を支援していくことになったのです。

一方、ＬＡ研は、私が趣味のマヤ学への学生の参加を呼びかけ一九八二年に結成した学生サークルです。アパシー・ドクターであった私は、医学生時代からマヤの地に出かけるようになり、私が和歌山大学に勤務するようになってすぐに学生に作らせたのです。毎年、一度は学生を連れマヤの地を訪れ、マヤ文化の研究に始まり、マヤ先住民のハリケーン被災者の支援活動やマヤ内戦犠牲者の支援活動を展開してきました。最初はマヤ文明に興味のある学生が集まってきましたが、次第に老賢人会のメンバーが加わるようになりました。そして、思わぬ成果が得られました。彼らが、ある時には自分は「老賢人会」のメンバーである、また、就職活動時などは「ＬＡ研」のメンバーである、と二つの名前をうまく使い分け始めたのです。この大学時代の二つのサークルの合同行事としては、夏休み期間に実施する仲間作りと国際ボランティア研修旅行（資料）、一泊二日のメンタルヘルス研修会、そして、交流キャンプ（写真）などがあります。こうした行事の詳細については後述します。

現在病院ではショートケアと自助グループ「フロイントの会」がその役目を担っています。自助グループは、スポーツ、釣り、カラオケ、音楽、写真など、さまざまな活動が小グループに分かれ行われています。

②アミーゴの会からフロイントの会へ

私は二〇一二年に大学を卒業しました。八年間の県立医科大学、そして、三〇年間の長きにわたる教員生活を卒業して、組織にどっぷりつかる病院での勤務医生活を開始したのです。私が求めたのはまったく別の生活でした。しかも、悪あがきをしてひきこもり専門外来やショートケア、さらには自助グループ「フロイントの会」を立ち上げたのです。

アミーゴの会は和歌山大学で有名になっていたので、病院での新たな自助グループの名称を若者たちに募ったところ、一人のひきこもり哲学青年が「フロイントの会」を提案しました。アミーゴの会は、陽気なイメージがありましたが、一方、「フロイント（独語で仲間）」は、堅い、哲学的な響きがあったので、一瞬、私の思考は停止しました。しかし、すぐに決断しました。哲学的、つまり、死を身近に感じ始めた私に相応しい名称を与えてくれた気がしたのです。最近私がよく口にする言葉は、「私はもうすぐ死んでゆくのだから、もうそんなに時間がないのだから」。するとその言葉を聞いていた心優しい若者は「そんなことはないですよ、先生はまだまだ若い」と、慰めの言葉をかけてくれます。私は、ありがとうと言いながら、内心では「そんなに私は未熟か！」「まだこの世で悪戦苦闘しろというのか！」と叫んでいます。いまだに素直になれないのです。

二〇～四〇歳台には、私はマヤの滅亡原因を解明するのだと本を読み漁り、ジャングルを駆け回っていました。若さで輝いていました。洞窟でマヤの彩色壁画を発見することを夢見て、マラリヤやデング熱など恐れるに足らずと駆け回っていました。大発見ではないですが貴重な洞窟遺跡を発見して、新発見に喜び夢から日が覚めた経験をしました。喜びに酔う傍らで、私に迫ってくる暗い闇の存在を感じていたのです。日本人に会いたくなく半年間一人で中南米を放浪したこともありました。

体力が衰えてくると、私の情熱は徐々に学生に向かいました。アミーゴの会の結成もその一つだったと思います。大学に入ったが授業に出ない、それでいて大学はやめたくない、働きたくないと訴えるアパシー青年に共感を覚えたのです。歳月の経過とともに、アパシー学生はひきこもる若者に姿を変えていきましたが、私は大学で多くの不登校を続ける学生に囲まれた生活を楽しむようになりました。私の小遣いは学生たちの食費や飲み代に代わっていきました。大学の中には、「学生をたぶらかしている不届きな精神科医であるから彼のもとに行くのはやめろ」「彼に（私）に変な考えを吹き込まれ健康な学生生活を送れなくなってしまう」とのたまう教官も出てきました。アミーゴの部屋も、大学では不要と何度となく閉鎖されそうになりました。しかし、多くの心ある教官が私の後押しをしてくれました。年々学生のメンタルな問題は大きくなる一方でした。その風を味方に、メンタルサポート室、アミーゴの部屋に続いて、非常勤での臨床心理士やＰＳＷ、メンタルサポーターの雇用、さらにはキャンパス・デイケア室を設けていきました。

2．さまざまな活動への参加

①旅に出る――ショック療法としての国際ボランティア研修旅行

大学勤務時代に私は二つのプロジェクトを実施していました。ひきこもり回復支援プロジェクトとマヤ内戦被害者やハリケーン被災者の支援活動です。グアテマラ共和国では内戦が三六年間続き、さらにその後ハリケーンが追いうちをかけるように村々を襲い、今も多くのマヤ先住民は貧困や精神的苦痛に苦しみ続けています。私たちは国際ソロプチミスト和歌山等の援助を受け、現地に支援センターを設立し、一〇年間にわたり貧しくて学校に通えない子どもたちの教育支援活動を展開してきました。これらの子どもたちとの交流会を通じ、現在、日本の若者が抱えるさまざまな課題を再認識する目的で、アミーゴの会とＬＡ研の合同で研修旅行を実施したのが、国際ボランティア研修旅行です。

この海外研修旅行での成果をご紹介します。中学時代に不登校になり高校には優秀な成績で入ったのですが、一日も登校できずに二〇歳を過ぎて私のところに相談に訪れる若者が多くなっていました。その多くは長いひきこもり生活から対人関係での困難を抱え、私と一対一で話すことが可能になっても大学生中心のアミーゴの会の仲間との集団活動になかなか馴染めませんでした。どうしたものかと思案にくれていた当時のこと、それまでありとあらゆる相談所を訪れ努力したのに一向に子どもが改善する気配がないことに失望した、あるひきこもりの若者の両親が、最後のチャンスと藁にもすがる思いで私のもとを訪れ、海外遠征に連れて行ってやってほしいと訴えました。そして、私は無謀にも引き受けてしまったのです。

私は、この時は少し乱暴すぎたと反省しています。しかし後にこの若者は、「ひきこもり生活から抜け出す最後の機会だと思って、死ぬ思いでグアテマラ行きを決心した。初めは皆が活発で優秀な若者のようで話ができず、皆との会食時に緊張のあまり発作を起こし倒れてしまったが、その時に皆が優しく介抱しながら、彼らの苦しんだ経験を語ってくれ、自分と同じように苦しんできた若者であることを知って話ができるようになった」と述べています。

これを契機に、私は不登校やひきこもり経験がある仲間をグアテマラの遠征に連れて行くようになりました。二〇一二年二月には一八名の仲間が参加しました。この時はマスコミでとり上げられたためにネットの掲示板などで、「ひきこもる我が子を、困り果てた親が二六万円で銃弾が飛び交う地に売り飛ばす」と非難されたものでした。帰国後彼らに大きな変化が生じました。多くのご家族から、会話が豊富になったとの感謝の言葉をいただきました。グアテマラの都市での、銀行やレストランが自動小銃やショットガンを持った警備員に守られていた様子に始まり、ボランティア活動をしたマヤ人が住む農村での食事、トイレ事情などを彼らが家庭で話し始めたのです。単調なひきこもり生活では、彼らは両親に何か話そうにも話題がなかったのです。

友情も芽生えました。遠征から帰国後、彼らはお互いの下宿や自宅を訪問し始めました。恋の芽生えもありました。そして、参加したものの多くは、自分の目標に向かって歩み始めました。休学していた大学を退学し、発展途上国で医療の恩恵を受けることなく死んでいく子どもを救おうと医学部受験を目指して勉強を始めたもの、貧しくて教育を受けられない子どもがいることを知り、休学していた大学に復学したもの、そして、いつまでも経済的に親に頼ってはいけないとアルバイトを始めたものなどが出てきました。

国際ボランティア体験研修旅行は、同じように苦しんでいる仲間がいることを知り、生活を共にする場を提供するだけでも意味のあることです。ただ外国に行けばいいということではありません。帰国後、ひきこもり経験をもつ参加者は、LA研やアミーゴの会の希望者と一緒になって、私たちのマヤ先住民内線被害者支援センターで作った民芸品やグアテマラ・コーヒーを持ち帰り、大学祭、人権フェスタなどさまざまな機会に販売するなどのボランティア活動を行うようになりました。社会参加の始まりです。

もちろん、出発前から研修旅行の目的を共通の話題として会話する機会を設けることは重要です。最初にご紹介した彼の場合、ご両親の必死の思いを考慮し十分な準備もなく参加させましたが、やはり、こういった学外での活動には、前もってミーティングを行うなどの準備や、医師や保健師、カウンセラーなど専門家の同行が必要です。

②外国人研修生や留学生も参加しての交流キャンプ

LA研とアミーゴの会が協同で行っていた行事に、私の郷里、和歌山県日高郡美浜町の煙樹ガ浜で実施した夏のキャンプもありました。私の実家から歩いて五分ほどのところに、美しい松林と砂浜があります。LA研とアミーゴの会のメンバーに加え大学の留学生と、私の妻たちのグループが支援していたインドネシアの若者を中心とした外国人研修生が参加しました。特に、料理は定番のカレーに加え留学生の母国の料理が毎年作られました。対人緊張が強い学生たちも、たどたどしい日本語で必死に自分の思いを伝えようとする留学生や研修生とのコミュニケーションにはそれほど抵抗がなかったようでした。

一方、日本人の友達作りに苦労している留学生や研修生にとってもよい機会になりました。とにかく日本人は控えめと思い込んでいる留学生や研修生の目には、対人関係が苦手で言葉数の少ないひきこもり経験者は日本的な普通の大人しい若者と映っていたようです。不器用ながらテントを組み、火をおこし、そして、海辺で花火を楽しむ。小さい頃から塾通いに明け暮れしていた若者には初めての経験ばかりのようでした。同世代の研修生たちが語る日本での過酷な生活や労働環境、それにもめげずにお金を貯めて母国で勉強を再開し、卒業して働こうとする言葉に、自分はそんな生活はできないと言いながらも少なからず心を動かされたようでした。

③ひきこもりの解決は若者の手で——メンタルヘルス研修会

メンタルヘルス研修会は、和歌山大学時代、二〇〇三年から年に一回、土曜から日曜日にかけて一泊二日で実施しました。参加者はメンタルサポーター、アミーゴのメンバーと、募集して集まった学生です。これまで和歌山県の北部のかつらぎ町から、最南端串本までの各地で計八回実施しました。

研修会は、土曜日の午後に、「ひきこもりの解決は若者の手で！　ひきこもりから脱出するために―何故、若者がひきこもるのか？　その解決方法は？」のタイトルで行う公開シンポジウムから始まりました。

毎回、六〇名から一〇〇名の、ひきこもる若者を抱える親御さんや不登校やひきこもりを支援する専門家が参加してくれました。この時フロアからの質問時間を多くとったのですが、毎回、大変なことになりました。ご家族、ほとんどは母親ですが、彼女たちからシンポジストたちが質問攻めにあったのです。親は必死になり子どものことを考えているのに親の非難ばかりする、親の気持ちをまったくわかっていない、等々です。ひきこもり経験者のシンポジス

図４　メンタルヘルス研修会

トは声を失い立ち往生しました。シンポジストだけでなく、参加していたアミーゴのメンバーも親御さんの生の言葉に強烈なショックを受けたようでした。

夜は、一グループ四、五名に分かれての分科会と鍋を囲んでの楽しい食事会（最近ではお酒を飲む人は少なくなりました）でした。分科会は講演者、司会者、そして、シンポジストがリーダーとなっての意見交換会です。ここで、「親はそこまで深刻に考えていたのか、親の気持ちが少しはわかった」との意見が多く聞かれました。翌日は、海や山でのレクリエーションです。海では釣りやカヌー遊びをしました。二〇一一年、私が開催した最後の田辺市の研修会では、現地のグループとの楽しい交流会に加え、彼らが主催するロック・フェスティバルを助けました。この研修会の成果は、一つは親御さんの気持ちの理解が深まったこと、もう一つはこのシンポをきっかけに家族会が作られていったことです。

病院でも、自助グループ「フロイントの会」は夏祭りや文化祭に毎回模擬店を出し、さらに、将棋やオセロで患者さんの挑戦を受けるイベントを実施しています。また、「ひきこもりの解決は仲間の手で」と題した公開パネルディスカッションを行い好評を得ました。その時、絵画グループの作品も展示しました。これに自信を得て作品の共同制作展の企画が開始されています。

その後の打ち上げ会で、二年間私としか話したことがなかった一人が、少し酒が入って相手が話さないのを気にせず一方的に話しかけだした仲間と急に話し始め、皆を驚かせました。二次会のカラオケ大会では、歓声が飛び交い徹夜組まで出ました。若者たちの予想以上の成長の速さに、私自身が一番驚いています。また、古民家で他のグループが始めたカフェの応援に出かけ、彼らとの交流を深め、さらに、私の廃屋を自助グループの拠点に活用しようと悪だくみを考えています。自助グループのメンバーが中心となりＮＰＯを立ち上げ、不登校の生徒の塾、芸術活動の場、そして、親から逃げ出したい若者のための「プチ家出の家」を作る計画が進行中です。

Ⅴ　ステージ４（社会参加）

１．社会参加への準備

自助グループの最終目的は、あくまでも社会参加です。ショートケアに参加した若者たちは、一年後にはおそるおそる専門学校やアルバイト、そして大学進学と社会に向かって歩み始めています。アルバイトやパートの仕事をやってみたい、専門学校に行って資格を取りたいなどと希望を述べるようになります。彼らの要望はこの時はまだ非現実的であり、夢物語であることも多いのですが、それでもまず彼らの言い分に耳を傾けることが重要です。当然、すぐに理想的な仕事は見つかりません。それでもまず第一歩を踏み出すことの重要性を理解させることが必要です。この時、これまで繰り返してきた失敗を非難したり、逆に子どものために仕事やすべての楽しみを犠牲にして応援する、と悲壮な決意を述べる両親があります。このことは社会参加をかえって遅らせるので、仲間作りにより彼らが確実に変化し強くなっていることを家族に理解してもらう必要があります。

ささいな成功体験は自己肯定感を形成し、自己評価を高めます。ある若者が、大学休学中にアルバイト経験と車の運転免許を取ることを計画しました。まず、六カ月間の約束でアルバイトを悪戦苦闘しながらやり遂げました。次の教習所通いまでひと休憩していると、また何もしないで家にいるのかと親に責められる。運転免許を取ってからもこれから何をやるのかと責められる。褒められたことがないのです。これではせっかくの成功体験を生かすことができません。また、社会参加時には新たな環境下でのストレスによる症状の再燃や一時的精神状態の悪化が出現するため、治療的関与による後押しが不可欠となります。

2. ボランティア体験

二〇一一年九月に和歌山県の南部が大洪水に襲われました。私の自宅のある美浜町の浜辺に多数の牛が打ち上げられ、日高川に沿い車で内陸部に二〇分の地域から上流の村が多くの被害を受けました。九月九日に多くの村が孤立している、お年寄りが多く援助を頼むとの情報が妻が参加しているボランティアグループに入りました。数人ぐらいは集まってくれるだろうとアミーゴのメンバーに声をかけたところ一日で一〇名が集まってくれました。私の家族五名が加わり、一一日に日高川町上越方（旧、美山村）に入りました。

図５　被害にあった家屋での作業

この集落は住民三七名、そのうち六〇歳以上の高齢者が八六％、多くが八〇歳以上の高齢者という限界集落でした。途中の道が洪水のため大きく削られ、多くの家屋が土砂に埋もれ、全家屋二七戸のうち、流出家屋（二戸）、ほぼ全壊家屋（四戸）などの被害を受けていました。すでにいくつかのボランティアグループが入っていて、私たちは半壊した三戸の家屋の整理と田んぼに流された冷蔵庫などの家具の除去を担当することになりました。

長年、勉強やゲーム以外したことのない彼らが役に立つか、それどころか足手まといになるのではと不安を抱いていましたが、その予想は見事に裏切られました。汗を流し、泥まみれになり、彼らは手際よく動き始めたのです。日頃みられない笑顔が浮かびました。手持ちのパンなどの軽食の他に、被害を受けなかった台所で住民の方が作ってくれたおにぎりをごちそうになりながら無事その日の活動を終え、山から流れ出る清流を浴びた時の心地よさを全員で楽しみました。そして、帰り際に区長さんが涙を流しながらお礼の言葉をかけてくれました。この涙に彼らも感動しました。日頃、学校に行け、アルバイトでもしろと叱られてばかりいた彼らに、涙を流しながらの感謝の言葉がかけられたのです。この時の喜びを彼らは今も忘れていません。初めて他人に涙を流し喜ばれた経験です。社会に参加する勇気をいただきました。

3．アルバイト体験、就労支援

①最初は単純なアルバイトから

私はお金を自分の手で稼がなければ精神的な自立もできないと考えています。働いてみなければ自分の能力や適性はわかりません。そうした理由から、私は長くひきこもっていた若者たちに、その人がどのように優秀で知的であっても、本来の希望する仕事が見つかるまで、最初は単純なアルバイトを勧めています。ところが、中にはプライドが高かったりして、単純なアルバイトができない若者もいます。そんな若者にはまず塾の講師、特に個別指導のアルバイトを勧めています。そして、これまで多くは成功しました。彼らはかつて受験社会でのエリートでした。しかも、人間関係が苦手です。こんな彼らにうってつけのアルバイトが塾の個別指導講師です。

ショートケアで履歴書の書き方、自己アピールの仕方、そして、模擬面接などをして準備を重ねます。特に綿密に履歴書の空白期間、つまり、休学機関やひきこもり期間の説明方法を皆で考えます。こうして、心構えができるとメンタルサポーターが集めてきたアルバイト情報誌やネットでのアルバイト情報から興味のある職種、できそうな仕事を探します。ハローワークやジョブカフェをサポーターと訪問することもよくあります。対人関係が苦手なものが多く、まずスーパーでの品出し、食堂での洗い仕事といった接客の機会が少ない仕事場を、そして、昼夜逆転しがちなものには、夜警などの夜間のアルバイトを勧めます。なかなか面接の予約電話がかけられないことが多く、私の前で、あるものは親しい仲間に見守られ電話をかけます。面接にも入り口まで仲間が付き添うこともあります。

アルバイト開始時には緊張が高まるため、一カ月前から面接を密にして抗不安薬を中心とした薬物の投与を計画的に行っています。そして、先輩たちの辛かった経験を聞かせ、一カ月間続けられれば上出来であると言葉をかけ送り出しています。アルバイトを始めると、不平や納得のいかない扱いを訴える電話が頻回かかってきます。これを聞いてやるのも私とメンタルサポーターの役割です。

②お金は自分の手で得なければ自立できない

二〇一二年一二月四日、フロイントのメンバー五名が初めてアルバイトに出ました。一人ではいけないとのことで、集団でやれる短期のバイトからスタートしました。特に、中学や高校の時から不登校になったりひきこもった若者はアルバイト経験がありません。また一度就職し失敗してひきこもったものは、働くことには臆病になっているので、一人でアルバイトを開始することは難しい。今回のバイトは、私のよく知ったグループのチャリティー・バザーの会場設営でした。

第一日目が終わった時に、一人から次のような電話が入りました。彼は高校や大学で不登校・ひきこもり状態となり休学していました。「本当にお金を稼ぐのって大変だと思いました。初めて働いて得たお金、本当に嬉しいです。先生に何でも奢りますよ」と興奮して言います。そして、「親の働く苦労が初めてわかりました。高額の授業料や下宿代を払ってくれていることに感謝しなければいけない、親のありがたさがわかった」と言葉を続けました。また、主催者のメンバーたちが話している内容を聞いて、「仕事場での人間関係が複雑なのだとびっくりしました、もっとアルバイトをして慣れておかないと社会に出るとすぐにつぶれそうだ」と付け加えました。私は、「それではビフテキを奢ってもらおうか、やっとお金を稼ぐ大切さをわかったのか、本当に君はわかるのが遅すぎる」と笑いながら答えました。そして、興奮収まらない彼に、「いろいろ経験してみないと、また働いてみなければ自分の能力や適性はわからないからな」と伝えました。

Ⅵ　ひきこもり回復支援プログラムに欠かせないメンタルサポーター

ここまでプログラムの説明を読んでいただき、要所要所でメンタルサポーターが大きな役割を果たしていることに、気づかれたと思います。最後にメンタルサポーターについて詳しくご紹介しましょう。

1．メンタルサポーターのはじまり

和歌山大学の保健管理センターで心の問題の治療やケアを受けている学生に対し、修学や就職、そして友人や家族の問題などを支援する先輩学生のことをメンタルサポーター「アミーゴ」、病院では「フロイント」と呼んでいます。自分自身もひきこもりなどの心の問題で悩んだ学生から選んでいました。和歌山大学では二〇〇二年度からは非正規職員として三名（一名は事務補助員）のメンタルサポーターを雇用できるようになりました（もちろん、この三名ばかりでなく自分の心の問題の解決途上にある自助グループ「アミーゴの会」のメンバーたちも、後輩学生の面倒を見てくれていました）。三名は非正規職員ですが、指導者としてではなくあくまでも先輩として学生を助けます。給料は彼らが社会に独り立ちしてゆくための奨励金と私は考えていました。この制度は私が大学をやめた現在も続けられています。

2．メンタルサポーター派遣まで

現在では、和歌山大学のアミーゴの会、あるいは病院のショートケアに一年以上参加した経験者から、ひきこもる若者の自宅に派遣するメンタルサポーターを選んでいます。彼らは普通に仲間と話ができるようになり、大学は退学したが通信制の大学や専門学校で勉強を開始したり、アルバイトを始めるなどある程度成功体験を積んだ、私のもとを去る一歩手前のものたちです。また、ショートケアの場だけでなく私や仲間たちと喫茶店やレストランでコーヒーを飲み、ハンバーガーを食べながら悩みを語り合うようになったものたちです。

サポーターを派遣する際には、家族面接で得たひきこもる若者のひきこもり状況、性格、スポーツやゲームなどの趣味、そして、学生であれば得意な教科などを参考にします。サポーターは、ひきこもる若者より年齢が年上で、似た挫折体験を有し、なるべく趣味を同じくする者にしています。これまでの経験からサポーターの性格としては、アパシータイプにはむしろ彼らから嫌がられる世話焼き女房タイプを、不安の強いタイプには兄貴分タイプ、そして、強迫傾向の強いタイプにはあえて同じ傾向を有するサポーターを派遣して成功しています。といっても、サポーターはひきこもり状態から脱すると復学や就職などで私のもとから去ってゆくため、理想とするサポーターをなかなか確保できないのが現状です。

サポーター派遣は、私とサポーター、そして、家族と三者で相談し決定します。医療の一環として行う場合は往診となりご家族が抵抗感を持つため、病院では自助グループの自発的な活動として行っています。派遣は週二回、一回二時間、そして、費用は一時間二千円としています。そして、いよいよ派遣です。サポーターには、最初からひきこもる若者が会ってくれることや話すことは不可能であり、母親に自分の体験を話すよう、そして、母親の話すことは時間を惜しまず聴くように指導します。サポーターは毎回私に進行状況を報告するとともに、簡単な訪問記録を提出します。一カ月に一度はできる限り三者相談の時間を持ち、次の目標を決定します。ひきこもる若者が学生の場合、学校側への対応は家族と私で行い、サポーターには関与させないようにしています。親御さんに担任、スクールカウンセラーと相談させるようにし、必要な時は私も直接学校関係者と話すことがあります。

サポーターは、最初は学生に対しては家庭教師としてスタートしますが、あくまでもひきこもり経験を語る仲間です。趣味を語り、ゲームをしたり、一緒にジョギングをしたり、コンピューター部品や愛読書などの買い物に出かけます。まずショートケアやＮＰＯのイベントに参加し、居場所を見つけるまでが彼の役割です。それからやっと本格的なひきこもる若者が抱える問題を解決するためのショートケアのスタートです。学生で登校可能となった場合、時間差登校、別室授業、そして、同級生の関与の仕方は、私が指導して家族が学校側と相談するのが普通です。大学生の場合は、サポーターが同行しても不自然でないため講義室の入り口まで同行することがあります。家での二時間以外はほとんどはサポーターのボランティアです。

3．なぜ、メンタルサポーターがひきこもる若者に受け入れられるのか？

大学に勤務していた頃、大学の学生相談室やＮＰＯでひきこもり支援活動をしている方がよく来られました。その時の一番多い質問は、なぜ私どものメンタルサポーターはひきこもる若者に受け入れられるのかということでした。私は、ここのメンタルサポーターはひきこもる若者と同じ〝ひきこもり臭〟を発するからだと非科学的な言葉で答えていました。私も一時はサポーターとひきこもる若者、両者の心理テストを実施して、各ひきこもりタイプと良好なサポーターの相性パターンを研究しようと努力はしたのですが、途中であきらめてしまいました。私の適当さが第一の原因ですが、毎年、私のもとに数十名のひきこもり経験者が集っています。そして、その中の数名がメンタルサポーターとして活動してくれています。

前述したように、和歌山大学では、私が大学を去る二年前から三名のサポーターを非常勤職員として雇えるようになりました。現在勤務中の病院でも二名のサポーターが私を支えてくれています。私のような加齢臭を漂わせるものは、最初の数回の診察や相談だけで十分です。また、大学に勤務時、ひきこもっている若者を救ってやるのだと熱心に勉強する学生や、修士論文を書くために訪問したいという優等生がよくやってきました。しかし、彼らを派遣して成功したためしはありません。それで、メンタルサポーターとして関与することをお断りしていました。ひきこもる若者は彼らと苦しみを共感しうる仲間を求めているからです。

4．メンタルサポーターは優等生から養成できない

「ただ飯を食わせてもらっている先生の頼みだから仕方ない」、つまり私に義理を感じて仕方なく訪問してやるよ程度の心がけの人が、サポーターに適しています。ひきこもる若者は、特にアパシータイプの場合プライドが高く、偽善的な臭いがするとすぐ反発します。もちろん威圧感には敏感です。それでサポーターの選択には非常に苦労をします。社会に出る一歩手前の人を派遣することにしています。サポーター側にも社会に出る前の最後の仕上げに、サポーターとして活動してもらうことで自信をつけさせるとともに、自分の能力や立場を客観的に見つめられるようになるという効果があるからです。

すでに述べたようにメンタルサポーターを派遣しても、家庭での場合は特に本人がなかなか会ってくれないことが多いです。本人と会えなくても、メンタルサポーターが閉塞状態にある家庭に入ることは、そのこと自体に意味があります。

ひきこもる当人には会えないまま、数回にわたってケーキや夕食をいただき、家族とばかり話をしていてよいのか、申し訳ないと派遣したサポーターが悩み始めますが、それは無意味ではありません。閉塞状態にある家庭に第三者が入ります、しかも、同じようなひきこもり経験や精神的な悩みを克服した少し年上の若者です。彼らの経験話は、家

族を安心させます。また、ひきこもっている若者も聞き耳を立てています。唯一の依存対象である母が見知らぬ若者と談笑するようになるのですから。嫉妬心も彼を動かす契機となります。

このようにメンタルサポーターの派遣は、親以外の第三者が密室状態となった家庭に隙間風を吹き入れるために意義があります。

なぜ、元ひきこもりであるメンタルサポーターに家庭教師をさせるのかもよく聞かれます。私はひきこもっていた若者が、ひきこもり生活から脱し社会参加を開始する時に、家庭教師や塾の個別指導のアルバイトを勧めます。人間関係は苦手であっても、彼らはかつては受験のプロでした。その上、彼らの不登校やひきこもり経験は、受験勉強で疲れた学生の心をよく理解します。メンタルサポーター（兼家庭教師）はそんな彼らにうってつけのアルバイトです。彼らにとっては、社会参加へのトレーニングとなるのです。

●…コラム

若者を支援する方へのメッセージ

池田裕亮

私は紀の川病院のメンタルサポーターになって約一年になりますが、メンタルサポーターとしてこれで良いのか、皆さんの役に立てているのかと悩みながらも、宮西先生が「これでいい」と励ましてくれるのを頼りに、なんとかこの職を続けています。この一年、ショートケアに通っている仲間の中からは、アルバイトを探し始めようと動きだす人、実際に短期・長期のアルバイトを始める人、高校や大学に復学した人、正規職員として働き始める人など、社会へ出て行った人が少なからずいます。そこで、メンタルサポーターをしていて気づいたこと、自身の大学卒業後の経験などから、ひきこもり支援をされる方々（メンタルサポーターなど）に向けて、メッセージを書いてみたいと思います。

精神科医や看護師、精神保健福祉士などの専門職は基本的に患者には個人的な連絡先（携帯電話）を教えないことになっているようですが、メンタルサポーターはむしろ積極的に連絡先の交換を行い、質問、相談、イベントや遊びの連絡をするようにしています。支援する側は、仕事として割り切るのではなく、人間的な関係を作っていくようにするのが大切だと思います。面と向かっては言えないことをメールでは書くことができたり、遊んでいる時にふと本音が出たりするものだからです。メンバーと遊ぶ時はカラオケやカフェに行くことが多いです。メンバーのお宅に遊びに行ったこともあります。

また、専門職とクライエントの間では、クライエントが支援者に対して、恋愛感情のような好意を抱くことや逆に支援者がクライエントに対して好意を抱くことは治療の妨げになるとして避けるようにしなければならないそうですが、メンタルサポーターの場合はこれもあまり意識して避けることはないと思っています。ある特定のメンバーと仲良くなるとそこから友達関係が広がりますし、元気になってアルバイトなどを始めると他のメンバーはライバル意識や焦りから、自分も何か始めなければならないと思うことがよくあるからです。

ご両親や家族の方には特に、上からの目線で諭すのではなく、本人の言う言葉は荒唐無稽な考えであっても否定せずに聴いてほしいと思います。そして、本人がやりたいと思っていることは多少無理をしてでもやらせてあげてほしいと思います。私自身、大学院への勉強のため東京で一人暮らしをさせてもらって、大学院には結局行けませんでしたが、一人暮らしをする中でいろいろな経験をし、また世の中には自分の思い通りにならないことのほうが多いのだと身を持って知り、人間的に成長できたと感じています。口げんかばかりしていた親との関係も、いまでは良好です。

精神保健福祉士の資格取得を目指して現在勉強中ですが、メンタルサポーターとしてもさらにみなさんの役に立てるよう頑張りたいと思います。

第3章　ひきこもりの集団精神療法――ショートケアと素晴らしい仲間たち

Ⅰ　ひきこもり専門外来のショートケアとは

1.　集団精神療法としてのショートケア

長期に家庭にひきこもる若者たちは、閉塞状況から深い孤独感や孤立感に苦しみ続けています。そして、苦しみを共有する仲間や話し合える居場所を求めています。それがショートケアの空間です。そして、彼らの根本的課題である社会的な未成熟さを解決するために集団精神療法は不可欠です。

ひきこもり専門ショートケアは、集団精神療法、芸術療法、そして、レクリエーション療法等からなります。主な目的は、他者との交流の困難さに働きかけながら、社会に対する不安を和らげ成長を促し、自己表現やコミュニケーション能力を高めることにあります。ひきこもる若者は、自己評価の低さや自己肯定感の弱さ、そして、見せかけの理想や非現実的な目標にしがみついているなどの問題があるため集団精神療法では主に低強度の認知行動法的アプローチを行います。

集団精神療法は個人療法（薬物および個人精神療法）と並行して行い、期間は半年間を一クールとして、四クール二年間で終了することを目標として開始しました。一年間ショートケアに継続して参加できたのは二五名、平均年齢は二六歳、そして、平均ひきこもり期間は六、四年でした。疾患別に見ると、社会的ひきこもり　七名、統合失調症四名、

表1　ショートケアのプログラム

曜日	場所	時間	内容
火曜日	ショートケア室	pm 1:30 〜 2:00	クライシス・カンファレンス：今週の心の危機体験、いかに対応するか
	ショートケア室	pm 2:00 〜 3:00	集団精神療法：自立して生きるために自己表現やコミュニケーション能力をつけるための技術
	デイケア室	pm 3:00 〜 4:30	身体から心を癒す： 1・演劇（ロールプレイ） 2・パソコン（ネット） 3．スポーツ（卓球、バトミントン、他）
金曜日	ショートケア室	pm 1:30 〜 2:00	カンファレンス：自助グループ活動報告、他
	ショートケア室	pm 2:00 〜 3:00	集団精神療法：社会参加のために 1．芸術療法（絵画、イラスト、音楽、他） 2．SST（料理教室、就職活動のスキル、他）
	デイケア室	pm 3:00 〜 4:30	仲間づくり： 1・スポーツ（卓球、野球、他） 2・パソコン（ネット） 3・カラオケ（発声で発散）

そして、自閉症スペクトラム障害四名でした。また、学歴は大学院中退一名、大卒二名、大学休学・退学一一名、専門学休学、一名、高卒一名、そして、高校休学・中退九名となっています。

2．ショートケアのプログラム概要

ショートケアのプログラムは表1のように三部に分かれています。最初のクライシス・カンファレンスとカンファレンスは、参加者のウォーミングアップを兼ね一週間の報告をしてもらい、続いて、一時間の集団精神療法に入ります。さらにデイケア室に場所を変えて、体を動かすさまざまな活動をする時間があります。本章で紹介するのは火曜日の二時から始まる集団精神療法の内容です。登場人物は、老精神科医（宮西）、マジョリティの代表として社会経験者がある若手のスタッフ（看護師、精神保健福祉士）が二名（多少入れ替わりがあります）、ひきこもり体験を有し、安心感や共感を育む橋渡し役であるマイノリティ・ひきこもる若者の代表であるメンタルサポーターが二名、そして、ショートケアに通う素晴らしい仲間二〇名です。

表２　自立して生きるためにと題しての集団精神療法のテーマ

①自分の精神的な弱さなどの課題について	恐怖を感じる時／自分のネガティブな性格面／コンプレックス／不安耐性／過保護・過干渉
②幼少時から青年期までの生活や人間関係について	幼い頃よくした遊び／友達は必要か／恋愛経験は、結婚は必要か／一人暮らしの楽しさは…／小学時代の生活／高校に行かないで大学に入学する方法／素晴らしい出会いは／家出をした経験は／一人旅の楽しさ／ネットは必要か、ネットでの友達は、ネット依存について／両親の嫌なところ、父親の性格、母親の性格…他
③社会参加を考える	アルバイトや面接経験は／一生働かないで生きる方法／親の職業や収入は／サラリーマン生活はできるか…／今、百万円手に入ったら
④心の病理とその対応策	リストカットとタトゥー／昼夜逆転／残された生きる時間が一年としたら何をするか／異文化不適応―友人が危機状況に追い込まれた時に

ショートケアは、毎回自己紹介から開始します。自己紹介は苦悩の共有感、仲間意識を育み、そして、討論を活発化する効果があります。表２は、病院で平成二四年四月に開始したショートケアの集団精神療法でとり上げられた一年間のテーマの概要です。

３．ショートケアのメンバー

ひきこもり専門外来で一年間のショートケアに参加したメンバーをご紹介しましょう。

ネトゲ：男性、大学中退、二六歳　大学四回生を三回もやっているが一向に授業に出る気配がない、卒業するのに数単位とればよいので、どうにか登校できるようにならないかと母親が大学に相談に来た。同級生に会うのに耐えられないと、最初は私と電話で話すようになった。普段はネットゲームに専念して、親に登校しろと口やかましく言われるとネットカフェにプチ家出する生活を続けていたが、しばらくして学生とは顔を合わせないよう場所と時間を工夫すると面談可能となり、アミーゴの代表としてシンポジウムで発表するまでに。残した単位を他の教科で補えないかなど大学側と交渉するが、残した単位の教官とどうしても相性が合わないと、親が泣いて止めるのもきかずに退学してしまう。病院ではメンタルサポーターとして活躍、自己防衛のためついつい多弁となるのが課題。

カント：男性、大卒、二七歳　有名進学高校を優秀な成績で卒業後、現役で国立大文学部に入学。四年で大学を卒業して地元の県庁に就職したが、数カ月後に出勤できなくなり翌年に休職、一度復職するも再度仕事に行けなくなりそのまま退職となる。その後、二年間も家でこもりがちな生活が続き、これではいけないと東京に出て、下宿して哲学塾に通うもやはりひきこもり状態が続くようになり、実家に戻り初めて精神科を受診。軽い抑うつ状態を指摘され抗うつ剤を投与され数カ月間通院したが改善はみられず、ひきこもり状態が続いたためひきこもり専門外来（以後、専門外来）を訪れた。初診時、外出もせず家でインターネットをやる以外は寝てばかりの生活だとのことで、身体的な不調と外出時の強い不安を訴えたが、特に目立った病的な症状はなく、躊躇せずにショートケアに参加した知的な青年。後にサポーターとして活躍。

聖人：男性、大学生、二四歳　有名進学高校を卒業後、私立の医学部に現役合格したが、親の負担を考え浪人して国立大学の医学部に入学。入学後、同級生全員が自分より優れていると思うようになり、さらに、校門に立つと大学の建物自体が巨大な怪物のように威圧感を持って迫ってくると感じ次第に下宿にこもり始めた。しばらくは母親が下宿で一緒に住み、学校に送ってもらっていたが登校は長続きせず私のもとを訪れる。すぐにアミーゴの会に参加するようになるが、常に礼儀正しく、口数が少なく控え目で、不真面目なことや不謹慎な冗談を許せない超真面目人間として仲間から少し敬遠されていた。しかし、海外遠征参加時に親しく話す仲間ができて急速に積極的となり、帰国後は冗談を言い、失言しがちな私をサポーターとして助け、また不登校の中学生を訪問しては喜ばれるまでになった。現実離れしたあまりにも理想を追った人生設計と社会規範への過剰な適応が課題。

ピンポン：男性、高校中退、二四歳　中学一年の時から、宿題ができないと不登校状態になった。その後、不眠、昼夜逆転、そして強迫症状が強くなる。さらに、人に話しかけられるとパニック状態となるので、次第に外出しなくなり終日家で過ごす生活が続くようになった。途中、家庭内暴力が強くなり三回短期間の入院治療を受けたが、ひきこもり状態の改善はみられないとのことで、母親に連れられ専門外来を受診。初診時、長髪で色白。将来に対する不安感や強迫症状で苦しんでいることなどを冷静に話してくれた。彼とは逆に母親はとり乱し、家庭内暴力の深刻さや入院治療でも解決できなかったこと、さらにN

ＰＯの相談員にアスペルガー症候群だと言われたとのことで、一生働くこともできないのかとオロオロするばかりだった。最初は母親の送り迎えが必要だったが、すぐにショートケアに参加が可能になった。

悲劇王：男性、大学中退、二八歳　中学二年生より不登校となったが、大検で資格を得て一流国立大学に合格。しかし、ほとんど授業を受けることなく三年目に退学した。その後、現在の悲惨な自分の姿があるのは中学時代の母親の対応の失敗だと攻撃を繰り返し、感情が不安定で自殺企図を繰り返すなど持て余していると母親から相談を受けた。面接時には、ひきこもりを解決する完璧な方法はあるのかと、いつも私を問い詰めてきた。ＮＰＯでは話し相手がいない、大学を出ていないので劣等感を感じるから大学のアミーゴの会は嫌だとひきこもり続けていた。精神科医のもとを転々としたが、二〇歳後半になった時、ようやく私の外来に定期的に顔を出すようになり、ショートケアにも参加できるようになった。

ロダン：男性、高校中退、一八歳　小学校一年から塾通いをして、友達と遊んだりする機会が少なく、よくいじめられた。希望通りの中高一貫の進学校に入学したが、三年生の頃より理数系以外の成績が落ち始め、模擬テストの結果から、担任に「期待外れだ、お前はクラスのみんなの足を引っ張っている」等と叱られ、先生の顔を見るのが怖く不登校に。それまで一日も休むことがなかった塾にも行かず、日頃から好きだったゲームをして毎日を送るようになった。高校を一年で中退し、ゲームばかりしていたため親に連れられて専門外来を受診した。

社長：男性、大学中退、二七歳　小さい頃から、一人でウロチョロするのが大好きだった。小学校時代は水泳をしていた。特定の友人とばかり遊んでいた。小学高学年になると塾通い中心の生活だったが、同じクラスの人とはよく話をしていた。中高一貫有名進学校に入学後は、毎土曜日には仲の良い仲間とカラオケに行く生活を楽しんでいたが、仲間が受験勉強に忙しくなると休日の他に週一回は学校を休んで一人でパチスロをしていた。有名大学に入学したが、すぐに授業を受けなくなり三年後に中退し自宅に戻された。次第に人前に出るのが嫌になり、二四歳の時に、スロット店で急に胸がどきどきしてきて気を失いそうになったのを契機に、広いスーパーなどにも入れなくなり、やがて外出もせず家でこもりっきりの生活になった。家族との外食も人の視線が怖くてできなくなり、母に連れられ専門外来を受診。家にいると親がうるさいからと、すぐにショートケアに参加するようになった。ゆっくりとした動作でいつも堂々と自分の意見を言葉少なく話すので社長と呼ばれるように。

S系：女性、大学生、二三歳　中学、高校とクラブ活動や勉強に活発で、有名進学高校から国立大学の理学部に進学。必須の一単位が取れずに大学院に同級生と一緒に進学できなくなったことが判明した頃より不登校に。さらに大学の寮でひきこもってしまったため、心配した親やゼミの教員の勧めで同大学の精神科を受診した。さまざまな治療が試みられたが一年近く経っても改善がみられないと、母親が専門外来に相談にきた。精神科での治療は意味がないと最初は受診を拒否したが、ショートケアには参加するようになり、討論では男性たちを容赦なく論破して驚かせた。

クール：男性、大学卒業、二八歳　高校時代に先生の暴力を受け深い心の傷を負った。進学高校を卒業し一年近いひきこもり状態後に国立大学に入学。二年間は留年したものの卒業、しかし、思った就職先がなくニート状態が続いていた。ネットで専門外来を知り受診。無気力と人ごみの中に入るのが嫌だという以外は特に症状はなく、スマートな都会的なセンスの青年で、昼はネットで好きなスウェーデンの音楽を聴く生活を送っていた。最初はショートケアに参加することを躊躇したが、年齢の近い同じ大学出身の若者が参加していることを聞いてしぶしぶ参加を決意。

大正ロマン：男性、大学卒業、二六歳　大学に入学後、二、三日登校したものの受講科目の選択や登録に戸惑い悩み、不登校状態に。学校に近づくと心臓がパクパクして意識を失ってしまいそうになるので下宿に戻る状態を繰り返すうち、次第に下宿にこもりゲームをして暮らす生活になった。以後ひきこもり状態が数カ月続いたため、大学に勤めていた私のもとに連れてこられた。すぐにアミーゴの会に参加し、カードゲーム好きの仲間と交流を開始し、一年後には授業にも出るようになる。就職後、上司の侮辱的な言葉や威圧的な態度によって休職に追い込まれたとのことで専門外来を受診、同時にショートケアにも参加するようになった。

達人：男性、高校生、一八歳　小学低学年より塾通いをする毎日だったが、仲の良い友達もいて楽しい小学時代を過ごした。親が希望する中高一貫の有名進学校に入学し、親しかった友達と別れ、中学では友達ができずネットゲームに没頭するように。

特に、囲碁やチェスはプロ級の腕前。中学二年頃より不登校気味となり、高校に入りひきこもり状態になったため親に連れられて専門外来を受診。ショーケアにも積極的に参加して、お兄さんたちから可愛がられる存在となる。

中也：男性、高校中退、三四歳　幼少時より人見知りの強いおとなしい子どもだった。小、中学校ともに特別な問題もなく成績は優秀。中学三年生の時に父親が経営する会社が倒産、有名公立高校に進学したが、父親との不仲などもあり不登校となり中退した。その後、切り絵やイラストなどをして過ごす毎日で、家族から孤立状態となっている。一〇年以上長くひきこもり状態を続けていたが、専門外来ができたのを知り母親に連れられて受診。風貌が中原中也にそっくりで、いつか詩を書きたいと希望。

嘆きの寅：男性、大学生、二二歳　小学四年生頃からよくいじめられたが、一生懸命勉強して有名な中高一貫の進学校に入学。順調に受験勉強に打ち込んでいたが、高校二年次より授業中に尿意が気になり始め、それが苦痛で不登校となったと紀の川病院の一般外来を受診。学校側と相談して、目立たなくトイレに行くための座席の配慮や合図の方法を工夫してもらったが、トイレのために授業を中座することに対する苦痛が消えず高校を中退した。その後、高校卒業程度認定資格（高認）を取り大学に進学して、和歌山大学でアミーゴの会や海外ボランティア活動に参加するなど活動的になった。しかし、在籍する大学で嫌がらせに会い休学してショートケアに参加するようになった。

マドンナ：女性、大学生、二四歳　小さい頃は友達も多く、小中学共に活発な生活を送った。高校では勉強中心の生活だった。大学三年の頃より不登校状態となり、休学してひきこもり状態が続いた。私が専門外来を始めたことを知り、ショートケアを見学に来てすぐに参加となる。明るく、すべての活動にも活発に参加して、男性たちの憧れの的。

ホスト：男性、大学中退、二七歳　中学時代に肺がんで父親を亡くした。中高一貫の進学高校卒業後、希望する有名国立大学に入学。大学ではよく遊びよく学ぶごく普通の学生生活を送っていた。単位を取ってもう少しで卒業という時に、どうしても受けたくない科目が一つでき、不登校状態からひきこもってしまった。大学在籍六年目に中退して実家に帰った。時々買い物やドライブに行ったりはするものの、就職活動をする気配もなく三年間も無気力な生活が続いているとのことで、母親に連れられ専門外来を受診し、しぶしぶショートケアに参加するようになった。何をやるにもスマートで都会的なセンスの持ち主。

青年実業家：男性、専門学校卒業、二六歳　小学校一年生の時にひどいいじめにあった。小学校低学年から塾に通い、中学校に入学後、塾から帰るとネットゲームで遊ぶ時間が次第に多くなった。有名進学高校に入学してからも、成績は優秀でクラブ活動にも積極的に参加していた。大学受験に失敗して専門学校に入学、しかし、無気力な不登校状態を繰り返し、二年間留年して卒業したが、卒業後本格的に自宅にひきこもるように。昼夜逆転、起きている時間は動画やネットゲームに没頭しているとのことで母親により専門外来に渋々連れてこられた。親は大学に進学したいのであれば喜んで応援するが、希望があるかときいても何もしたくないと言うだけで困っているとのこと。両親が勧めるからと、仕方なくショートケアに参加した大人しい青年。

紳士：男性、大学院中退、三一歳　小さい頃から生真面目な性格で、小学校は野球部で活躍し、中学二年から塾中心の生活になった。有名進学高校に入学して、大学も有名国立大学に入学した優等生。大学時代は単位も順調に取り、アルバイトもするごく普通の生活を楽しんでいた。特に研究に興味はなかったが、同級生の多くが進学するので大学院に進学。しかし、次第に勉強が手につかなくなって下宿でひきこもり状態になり、家に連れ戻された。自宅でも三年間就職活動をするでもなく寝てばかりの生活を続け、ここ一年間はまったく外出していないとのことで、母親に連れられ専門外来を受診。質問には言葉少なめだが適切に答える物静かな青年。

カフカ：男性、高校中退、三四歳　中学二年頃より不登校、そして次第にひきこもり状態になった。二四歳で精神科を初診し、精神病と診断されている。その後、両親、特に父親への暴力が激しくなり数カ月間入院した。退院後、両親と別居することにより激しい興奮は収まったが、家に閉じこもりほとんど何もしなくなり、自分でご飯だけ炊き、コンビニでおかずを買って最低限の生活を送っていた。
私が彼の主治医になった時、彼が短文を書いていると小さな声で洩らした。訪問スタッフに訊くと、確かに文章を書いているようだが、内容は幻覚についてなどの病的で意味のないものとの報告だった。私が外来で、とにかく書いたものを見せてほしいと何度か頼むと、ある日遠慮がちに数枚の紙を持ってきた。それを読んでその内容のレベルの高さに驚かされた。それからは、単調な質問と応答に終始していた彼との外来診察はうって変わって内容の濃い楽しいものになった。彼も笑顔を浮かべ文章の内容に関してだけは、自発的に説明するようになった。そして、ショートケアへの参加を快く引き受け、自作を参加者に読んでもらってもよいと快諾してくれた。私は彼をカフカと呼ぶようになった。

牧師：男性、大学生、二三歳　幼少時より大人しい性格だったが、小中学校では勉強ばかりでなくスポーツも楽しんできた。進学高校に入学、とりあえず大学に進もうと受験勉強を続け、有名国立大学に進学した。しかし、途中で勉強に興味が持てなくなり不登校状態が続き、親に申し訳ないと思うと余計に大学に足が向かなくなったと、休学して専門外来を自ら受診した。

オタク：男性、大学生、二四歳　幼少時から一人で遊ぶのが好きで友達が少なかった。小学校からいじめられることが多く、ゲームや勉強に打ち込むように。中学校から塾通いを始め、無事私立の受験高校に進学。希望の国立大学理系学部に入学したが、友達ができず受講登録や試験対策を相談する相手がなく、レポートが多くなると手がつかなくなり不登校状態となって大学の相談室を紹介された。しかし、次第にひきこもり状態が進み専門外来を受診。

Ⅱ　ショートケアの仲間と歩んだ一年

ここからは、紹介した仲間たちと、自立して生きるためにと題して行ったショートケアでの集団精神療法で、一年間どのようなやり取りを行ってきたか、ご紹介します。

春

進学、就職と世の中が騒がしくなり、ひきこもる若者には一番きつい季節です。

五月二九日：第一回ショートケア　テーマ：〝怖い〟場所。不安を感じる場所

宮西：それでは初めてのショートケアのプログラムを始めたいと思います。今週、経験した困難な体験でみんなと相談したいことはありませんか。…（沈黙）…ないようですので、テーマを決めての対話に入りたいと思います。

今日のテーマは、〝怖い〟と思った場所とか、恐怖を感じる状況についてです。まず、今日は話を始める前に、恐怖をテーマに書いてくれたカフカ君の短文を紹介します。私が今週一番感動したのが、彼の文章です。外来で彼と知り合いました。普段は淡々と私の質問に答えるだけで無口でしたが、彼の文章を知りその表現力の豊かさに驚きました。今日は彼の許可を得たので、その素晴らしい文章を紹介することから始めたいと思います。

かき氷機が怖い

同じ年齢にも関わらず、すでに三歳の息子と五歳の娘を持つ友人宅にお邪魔すると、食卓の上にかき氷機が置いてあった。気楽に手作り感が味わえるおままごとみたいな簡素な機械は、いつの時代でも子どもに人気があるようだ。かつての私もその一人だった。

夏休みには、母親がペンギンをかたどったかき氷機を用意してくれた。私は陽射しが照りつける屋外から逃げ帰ると、まずは冷凍室から製氷器を取り出し、凍てついたプラスチック製の容器を捻って氷をボウルへと移し替えた。硝子の器をかき氷機の真下に置き、準備は完了。

そして、痺れるような冷たい感触を指先で楽しみながら、ひとつずつ頭頂部の穴に放り込んでゆく。

「ひー、ふー、みー、よぉ……？　いつ、むー」

目の前を横切る氷を見つめていたら、妙な違和感を感じた。

角が溶け始めた氷塊の中に、人間らしきモノが固まっていたような気がしたのだ。まさかと思い直して氷を目一杯入れてしまうと、真横に付いているハンドルを勢いをつけて回す。
耳を澄ませていても、聞こえて来るのは氷が削られる音だけで、白い山肌が苺色に染まることもなかった。
器の中で小さな——多少は欲張った——雪山が完成し、ハンドルを止める。
すると、かき氷のてっぺんが突然崩れ、登山用の防寒具を身に着けた小さな人間が頂上に現れた。私が唖然としていると、その小人は日の丸の旗を突き立てて誇らしげに胸を張ったのだった。

宮西：彼の文章に対する感想は難しそうなので、自己紹介のあと、「怖い」ということについて話して下さい。これから毎回自己紹介をしてもらいます。名前と年齢だけでもかまいません（彼らのトレーニングであり、実は物忘れがひどくなった私が参加者の名前を忘れないようにするためであったのですが）。初めてなので今回はスタッフからお願いします。

ナース1：看護師です。人前で話す時に緊張します。今も緊張気味です。自分が思うほど、人は自分のことを注目していないと思うのですが。怖いと体全体がつぶされるような感覚になります。山登りをした時に、富士山が巨大な恐ろしいものに見え、また、山間の急流が目の前に現れると言葉で表現できない恐怖に襲われたことがあります。しかし、日常の生活体験の範囲では恐怖体験はあまりないです。

ナース2：私も看護師です。研究発表しなければいけない状況で、恐怖感を感じました。怖いというより非常に緊張したというほうが相応しいと思います。

カントです。二七歳です。恐ろしいというより漠然とした不安感と表現するほうが相応しいのですが、夜寝ていると何かわからないが強い恐怖や不安感に襲われます。それでよく目が覚めるのですが何もありません。具体的な恐怖を覚えた体験といえば、中学の理科の授業の時です。蛙の解剖実習をしていて、血を見て貧血みたいになって倒れそうになったことがあります。［血のイメージは？］血は死を連想させます。実際に身近で、交通事故などで、血を流して死んでいった人を見たことはないのですが。

宮西です。余命少ない老精神科医です。私の長男は、小学生の頃長女の採血光景を見てよく倒れました。娘が熱を出して病院に行ったのに、長男の検査になってしまったことがありました。その長男が柔道をやりだして、ぶつかり合って血を見る機会が多くなりました。必死に戦っていたので血を恐れる余裕もなかったのだと思います。その柔道を契機に血に対する恐怖を克服し、今は救急救命士として活躍しています。

聖人です。二四歳です。私は、大学のキャンパスが怖い。大学のキャンパスに入ると体が硬直してしまう。金縛りにあったようになる。

ネトゲです。二六歳です。ゼミの先生やゼミの先輩が怖かったです。五人ほどだった。［厳しい先生でしたか?］優しかったのですが、僕がだんだんと出席できなくなって、皆に申し訳なく思うようになり、そうすると会うのが怖くなってしまった。それで大学に行けなくなってしまったのです。

紳士です。三一歳です。人に注目されるのが苦手です。相手の、世代、年齢によります。

クールです。二八歳です。この自己紹介が緊張します。恐怖体験といえば、自分が殺されると思ったことがあります。反抗する生意気な生徒だとみなされて、半殺しの目にあいました。中学二年の時に必須科目の柔道で、反抗したとビンタを食らい歯が折れました。今でもその時の恐ろしい記憶が蘇ってきます。穴パン（お尻を本などで殴られること）を一〇〇回食らったことも、首筋をつかまれて、黒板に何度も叩きつけられたこともありました。

宮西：私も先生にいじめられた経験があります。小学校の時、クラスの委員長をしていました。その頃、漢字テストで五〇点以下だと罰を与えられました。トイレの汲み取りです。肥桶に大小便を汲み小学校の農園に撒いてくるのです。委員長ということで、私だけ八〇点以下だとその罰則を受けました。納得いかなかったのですが、文句も言えずに一人しょぼしょぼと肥桶をかついでいた記憶が今でも残っています。これをいじめと言わずして何と言いますか。今でも漢字からトイレの臭いが漂ってきます（その場を和らげようと、ユーモラスに語ったつもりが余計に沈黙をよんでしまいました）。

悲劇王です。二八歳です。十代、二十代は外に出て若者たちと目を合わすと、自分だけが劣っているように感じた。コンプレックスで打ちのめされていました。楽しんでいる若者を見ると、自分は今を謳歌していないので卑屈になる。そんな自分が嫌になるので、楽しそうにしている若者に会うのが怖い。

大正ロマンです。二六歳です。私は地方の市役所に勤めていましたが、一年でやめてしまいました。その原因は電話です。電話を取るのが怖く、それで電話に出ないと上司に叱られる。叱られるのが怖くて仕事に行けない。その悪循環でした。

カント：私も会社で、電話が鳴るかもしれないといつもびくびくしていました。どう応えたらいいのかわからなかったので、周囲にいる会社の先輩に応えが変に思われないか心配で、電話の音に怯えていました。

クール：私も心当たりあります。レジで係りの人と向き合うと、相手の視線が怖くなり固まってしまいます。電車に乗っていても、周囲の人とちらっと目が合うといちゃもんをつけられるのでないかと心配どきどきします。自分より若い人がいると余計に緊張します。若者は怖いもの知らずなので何をするかわからないと思うと急に怖くなります。人の評価を気にします。印象に残らない存在空気のような存在でいたい。そのほうが楽です。それで、自分の活動範囲を狭くしているのです。ひきこもるのもこのことが原因の一つです。

宮西：どんな状況で緊張や不安感が強くなりますか？

メンバーたち：人により異なると思う／小さな教室が恐ろしい。狭い場所やバスや電車の中も恐ろしい／僕は人の多いところ、がやがや大勢がいる場所が恐い／面接や試験会場で緊張します／僕は研究発表の時です……

宮西：対人緊張状況に関して、多くの意見が出たので、対話を終える前に対人恐怖と社交不安障害について少し話したいと思います。（以下対人恐怖と社交不安障害についての説明を行う。）

対人恐怖はこのように、日本でよくみられる青年期の病と考えられていますが、私たち老人でも同じような心配をします。老人臭や口臭が気になって女性と話すのを躊躇する時があります。顔が赤くなり、体が振えて変な目でみられているのでないかと心配したことがある人も多いと思います。病的と考えるのは、これらの対人関係での不安が高じ人と話せなくなり、さらに社会活動が極端に制限されるまでに強くなった時です。ひきこもる原因の一つです。

指摘があったように、対人緊張は状況によって異なります。若い人には中途半端に知っている人や同世代が苦手だ、大勢の中にいるよりも少人数の中にいる時に緊張が高まるという人が多いですね。君たちの中にも、よく知っている人と二人でいる時はいいが、三人になると急に不安が強くなることが多いのではないかと思います。そして、内気で自信がないのにあるいは沈黙が怖くて妙に多弁になったりした経験があるのではないかと思います。間が持たなくて、負けず嫌いである。君たちや外来で話す若者が、このようなことをよく言います。これらは、弱さと強さの両面を内面に抱えた青年にみられる特徴です。決して君たちだけが苦しんでいることではありません。

六月五日：第二回ショートケア　テーマ：対人関係のスキル・アップ——女性への声のかけ方

宮西：テーマは「対人関係のスキル・アップ」、女性への声のかけ方です。今日はもう一度サポーターの聖人君に犠牲となってもらいます。女性とつき合った経験がある人は手を挙げて下さい。……ないようですね。女性に興味がない人もいると思いますが、一緒に考えて下さい。

　前回、聖人君は一緒に実験準備を手伝っている助手の女性に声がかけられないという悩みを語ってくれました。そして、対人恐怖や社会不安障害の一般論を話しましたが、これから彼の悩みを解決するために頭を絞って、具体的な知恵を出してやって下さい。…（沈黙）…好意を持っているというのでなく、異性にいかにして声をかけるかということで意見を下さい。

大正ロマン：女性と話したことがありません。大学に入って、同郷の女子学生と集まりがあり話す機会がありました。しかし、話すことがなかったので話しませんでした。何を話したらいいのかわからず話せなかったといったほうが正しいと思います。小学校低学年では女の子ということを意識せずみんなで遊んでいたと思います。それ以降、性差を意識し始めてからは女性と話した記憶がありません。

　聖人への助言ですが、身近な話題、例えば「先週の日食を見ましたか」とか、日常的な話題から入ったらいいと思います。

カフカ：僕は何を話したらいいかわからないので話しません。女性のほうが話しにくいと思います。

宮西：姉三人の末っ子で、女性は怖いものと信じて生きてきました。それで女性が苦手で素直に話せませんでした（笑）。中学時代に、初恋の相手とは話さず、授業中に見つめあっていました。結局、一言も話をせずに終わってしまいました。私の時代は、男女が二人になって親しく話すことなど考えられませんでした。ある時、一人の女子学生が大胆にも私に宿題の解答を教えてと質問に来たことがありました。その翌日が大変で、教室やトイレなどアチコチに相合傘に二人の名前が並べて書かれ、慌てて消して回ったことがありました。

　自分の気持ちを伝える手段はいろいろとありますね。私たちの世代は、「目が口ほどにものを言い」と言っていました。私のフィールド調査地のマヤ先住民も一歩家から外に出ると、男女が親しく話すことは夫婦でもありませんでした。彼らは恋愛感情を口笛で表現していました。口笛の音色でからかっているのか、求婚の意思を伝えようとしているのかわかるのだそうです。

　気持ちを伝える手段として、私の時代は手紙、それから電話に変わり、そして、君たちの世代は携帯やインターネットでのメールですね。気持ちを伝える手段としては、君たちにとってはどちらが効果的ですか。どの手段が一番緊張しないですか。まずはスタッフの方からお願いします。

ナース３：小さい頃は、よく男の子と遊びました。喧嘩もよくしました。男の子は、ゲームをたくさん持っていたので、それを借りたくて男の子とよく遊びました。

宮西：今日は女性が一人なので、男たちに女性がもらって嬉しい言葉を教えてやって下さい。

ナース３：嬉しいのは、褒められた時です。別に優しいとか、美人だとかではなくて、私がいま言った言葉がよかったとか、日常的なことで褒められた時が一番嬉しいです。

社長：小さい頃は、好きな女の子をなぜかよくいじめてしまった。大きくなってからは、大学生の時など女性と話そうとすると、緊張して話せなくなった。女性と話すのは今でも苦手。

クール：同じ研究室の女性とは話す機会がありました。私は、自分より年上の人のほうが話しやすかった。まず研究の内容などをわからないふりをして聞くことがよいのでは。自分の好きな本を貸すなどはやめておいたほうがいい。すぐに意図が見抜かれてしまいます。私は緊張して顔が赤くなってしまい、相手に自分の気持ちを見抜かれてしまって、それ以後、その女性と話せなくなったことがありました。クラブなどに入っていた頃は、共通の趣味、話題があって話しやすかった。

カント：対人関係で一番困ったのは、高校で同じクラスで、同じ大学に進学した女性と、通学で同じ電車に乗ることが多かったのですが、会話が続かないことでした。沈黙の時間が辛くて大学に行くのもしんどくなりました。相手の注意を引く話をしなければいけないと思えば思うほど言葉が出なくなり、呼吸困難状態になってしまった。

そして、就職してからは、電話がかけられずやめてしまいました。電話をかけようとすると最初の一言が浮かんでこなくなったのです。［相手の人を意識するのですか？］相手だけでなく、電話の応対を上司や先輩が横で聞いていると思うと、変な返事をしてはいけないと緊張して苦しくなってしまう。電話の相手は顔が見えないのでどんな人かわからず、どんな言葉遣いをしたらいいのか、失礼な言葉遣いをしていないかなどと考えてしまう。そうすると話せずパニック状態になってしまうのです。

悲劇王：これまで女性と話したことがない。多分、話す内容がないからだと思います。ネットでなら話したことがあるが。大学にいた頃、一時、コンパに参加できていたけど、妙に明るく振る舞おうとしてテンションが上がりすぎて、みんなに退かれてしまった。大学に入るのが遅く、八歳ほど年下の学生が多かった。それで周囲の学生は私のことをもっと落ち着いているはずだと思っていたので、おかしな奴だとみられていたと思う。私も会話中に間ができるのが一番怖い。それで変に明るく多弁になってしまい敬遠される。男女とも友達ができなかった。

紳士：女性と話すとき最初の一言が難しい。それで、まず天気の話をします。研究室では、お疲れ様とか話しただけかな。小学校では男女意識せず話していました。中学になり女性と話さなくなってしまいました。しかし、大学では非常に積極的に話す人が多くなりました。私はあんまり話しませんでしたが。

PSW1：これまで相手が男性であろうが女性であろうが、話すことに苦手意識を持ったことがありません。小学生時代から一人になるのが嫌で、遊び相手を探して話をしていました。差し障りのないことや、自分のことを話しました。

最初の一言を考えることなどなかったと思います。

ネトゲ：ネットさえあればいい。ネットで仲間がいる。仮想空間で強くなる。長時間やればやるほど強くなる。才能などいらない。しかもトップの人が神様のように扱われるので無限にやり続ける。時間だけで優越感を持てる。嫌な人も排除できる。

宮西：同じ質問を私の授業を取っていた学生に訊ねた時、悲劇王と同じようにネットなら話したことがあるとの答えが多く返ってきました。若者のコミュニケーション手段は確実に変わっているのだと思います。ただ、ネットだけで生の会話と同じように異性に自分の気持ちを、例えば恋愛感情を伝えられるのか、私にはわかりません。感情表現の課題を次の機会に話し合いたいと思います。今回は、女性と話したことがないとだけ答えてくれた人が多かったですね（本文では省略）。今後も一言でもいいですから話して下さい。

六月一九日：第七回ショートケア　テーマ：一人暮らし

宮西：今日のテーマは「一人暮らし」です。

カフカ：自分が文章を書く時間が壊されるのが嫌で、一人暮らしています。家族と顔を合わすのが嫌とかイライラするからではありません。兄もいたが潔癖症でうまくいかず出て行ってしまいました。

聖人：今年の四月から一人暮らしをしている。少し慣れてきたが、親から週末は家に帰るようにいわれている。大学に入学してから二、三カ月一人暮らしをしていたが、混乱状態になった失敗経験があるからです。大学がある和歌山だし、一人でいるとまたしんどくなってくるといけないからです。［一人で暮して、親への態度は？］今回は多少変わったと思う、親のことを心配せずにおれるようになった。

オタク：親と一緒に住んでいます。家が大きいので一緒に住めます。病院までは二時間ぐらいかかります。大学へはもう少しかかりました。現在は休学中です。下宿するより通学費用のほうが安かったし、下宿生活、一人暮らしは考えたことがありません。食べることとか生活面で親に依存しています。料理はしたことがありません。家では一人でパソコンをいじっています。誰にも邪魔されたくないので、自室にこもっています。

ネトゲ：一人暮らし、したい派です。家の周りはおばちゃんばっかりで、外出時に何かと声をかけてくる。「こんにちは」がしんどい。（何度かプチ家出をしたが）気分転換にはいいけど、ネットカフェで三日以上はしんどい。また、下宿した時に、料理や洗濯することなど、現実的にやらんといかんことを考えるとめんどくさい。家で耐えているほうがまだ楽。

ピンポン：今日は初めてなので何をしたらよいのかよくわかりません。［一人暮らしをしたことがありますか？］ない。一人暮らしは考えられません。ひきこもっています。［家だと親に一人でいることを邪魔されませんか？］部屋に鍵をかけて、こもるので大丈夫です。

悲劇王：一人暮らしはしたことはないです。したいと思うことはあったが、現実的に一歩踏み出せませんでした。家ではほとんど誰にも会わずに一人でいる時間が多い。母や弟がいることで安心感があります。［お父さんとは？］話しません。いつかは親も死んでゆくので、テンションが上がっている時には、一人で生きてゆけるように、社会に出てゆく練習をしないとあかんと思うのですが行動に移せない。一人暮らしは世界が広がると思う。

宮西：今日は大都会で一人暮らしした人は参加していないですね。台風で来られなかった人も多いので。次回に、哲学修行のため東京で三年間一人暮らしの経験があるカントに東京一人暮らし物語を語ってもらいましょう。

ナース4：家から専門学校に通い、それから病院に勤め、二三歳で結婚して両親と同居している。それから五年たった。一人暮らししたことはないです。一回でもいいから一人暮らししたいと思うができない。

ナース2：一人暮らししたかったが、それでも片親の家庭だったので夜遅くまで親が帰ってこず、自由に飯を作ったり、女の家に転がり込んだり自由な生活をしていた。一人暮らししたら好きなことができると思うので、賛成です。ただ家庭の温かさも大切だと思っている。カレーを作ると、家族で行ったキャンプの思い出が浮かんできます。

宮西：カレーの香りは、家族を思い出させるのですね。家族の良さと言えば、私は小学時代に母親が作ってくれている味噌汁の香りで目を覚ましました。竈にかけられた鍋から漂ってくる味噌汁の香り。母親の温かさが伝わってきました。

六月二六日　第八回ショートケア　テーマ：女性に話しかける練習

宮西：今日は実習です。女性に話しかける練習をしたいと思います。

第一回目は、君が犬の散歩に行くと、いつも公園で女性が一人で本を読んでいます。そこで君が何か話しかけて下さい。残念ながら女性がいないので、Ａ君に女性役をやってもらいます。

数人練習をしたところで、設定が不自然だとの苦情が出たので、宿題をするクラスメイトの女性に声をかける場面に変更。この後、バイト先に電話をかける練習、就職面接などの場面設定で何回かロールプレイを行う。

七月一〇日　第一〇回ショートケア　テーマ：男と女、どちらに生まれてきたかった？

宮西：今日のテーマは、「男と女、どちらに生まれてきたかった？」です。対人恐怖症や社会的ひきこもりは男性に多いと言われています。この日本社会は、我々男性に住みにくい社会なのか、今日は男に生まれてよかったか、女に生まれたかったかを語ってもらいたいと思います。

カフカ：女性は化粧や脱毛が大変と思いますが、どちらかと訊かれると女性に生まれたかった。男性は背負わなければいけないことが多すぎます。親が年老いた時に、家族を支えなければいけないし。［君たちの世代でも、親の面倒を見なければいけないと考えるのですか］寝込んでしまった時には助けが必要です。［老健施設に預けるという手があるが、どうですか］……（沈黙）……。

大正ロマン：女に生まれたほうがよかった。女のほうが強いからです。もともと構造が違うから、体も心も。女だったら今の困難な状況をクリアできていたのにと思います。女は、現実社会で強い。女が二人いれば、今日の全員でかかっても言い負かされてしまう。

宮西：そうだな、大学当時アミーゴの男性が一〇人いても、一人のラテンアメリカ研究会の女性に圧倒されていたから。それに、海外ボランティア活動に参加後、女性ばかり三人が、アフリカ、中近東、そして、カリブ諸国で活躍しています。

しかし、社会的に女性が強いのは最近の傾向ではないですか？

大正ロマン：そうですね、草食系男性と言われ始めたのは最近のことだけど、根本的に女性のほうが強いと思います。

オタク：男でいい。［男に生まれて、得したこと、損したことは？］うーん……。

ロダン：男のままでいい。女性は、出産や育児とか、家庭を守っていかないといけないので大変だ。また、女性は特定のグループを作る。学校とかでグループで仕切っているので嫌だった。男は、あまりグループで行動しないと思う。［暴走族は男性が多いのでは？］女性もあります。女性のほうが過激。

中也：男のほうがいい。女性は嫉妬したり、コンプレックスが強いから。

ピンポン：男のほうがいい。女の人は化粧したり、日焼けを気にしたり、スタイルに気を配ったりしないといけないから。化粧するのに三〇分、いやそれ以上かけていると思う。

宮西：それではただ一人の女性、看護師Bに訊いてみます。あなたはどのくらい時間をかけますか？

ナース2：化粧にかける時間は一五分くらいです。そんなに負担になっていません。むしろ化粧すると気分が変わるので楽しいです。

ネトゲ：化粧によってオン・オフの切り替えができるから羨ましい。

聖人：カツラをつけた時と一緒ですね。

宮西：今の発言は私へのあてつけに言ったな（笑）、女性は変われるからいいということですね。祭りで仮面をかぶったりするのも、日常の自分から変われるようにかぶるのですね。しかし、最近では男性も化粧するのでは。

メンバーたち：僕は、しないな／日焼けクリームくらいは塗るけど…

宮西：私は大学で働いていた頃、毎年数名の性同一性障害の学生が入学して、まだまだ日本では性同一性障害であることを表に出せなくて悩むことが多く相談に来ました。問題は健康診断でも生じました。その女性は男性と一緒にレントゲンを受けるのは嫌だというし、生物学的には男性なため、女性からは受け入れられず、対応に困りました。それで一人別の時間に健康診断を受けてもらったことがありました。

悲劇王：女性のほうがよかった。女性性（女性特徴）が入ると、僕が抱えているいろんな困難な状況を乗り越えていけることだろうと思います。女性は割り切っていて強いからです。

大正ロマン：女性は、社会に出たら花が咲いたように艶やかで、しかも根性があります。男に真似はできない。子どもを産んで育てるという明確な目的があるから楽だと思います。それからイメージ的に柔軟性に富んでいます。

社長：男性でよかった。スポーツなど日焼けを気にせずにやれるので。

カント：女性だったら楽しいのにと思います。男ばっかりで遊んでいると、見た目が悪い。それに男たちだけだとレストランでも入りにくい店があります。女性だと男っぽい恰好をしてもなんとも言われないが、男だとなよなよしているとかからかわれるから損です。

ネトゲ：女性であったほうがよかった。狩猟時代から、男は狩りに出かけてしんどい仕事をやらなければいけないのに、女性は家庭で食事を作って、子どもと男の帰りを待っていればよい。感情的に安定した生活が送れる。女性は周りに気を配る気持ちを備えているのでつき合い上手だ。また、女性のほうが得だ。レディース限定の日とか、女性専用車両まである。男にはない。容姿が標準的だと、女性は社会で不利をこうむることはない。ただの男性より、ただの女性のほうがこの社会では利益を享受できる。女性のほうが嘘つくの上手だが、男性は下手。男性は視野が狭く、女性は広いので多くのことに気づける。

聖人：女性のほうがいい。姉と兄がいるが、姉のほうが好き放題している。自由な生き方をしている。

社長：男のほうがいい。漠然とだが。男のほうが楽だと思う。

ＰＳＷ１：男がいい。出産したくない。命をかけて子どもを産むなんてまっぴらだ。「三五歳の女性の三分の一は独身といわれています。別に子どもを産まなくてもよいのではないか？」うーん……

ネトゲ：金を稼ぐの男だし。私は女性弁護士でも捕まえようか。「パラサイトが理想的ですか？」パラサイトする女性を見つけるのは至難の業だけど。家事をちょっとして、後は好きなネットゲームをやれれば理想的。「家事は重労働と思うけど」外に出て、仕事をするのとまったく違う。家庭内でやれることならそれほど負担にならないから。

ＰＳＷ１：でも私は無理だ。３Ｋ（高身長、高収入、高学歴）の高身長しか満たさないから諦めよう。

宮西：三カ月たって、自己紹介も緊張しなくなったことと思います。卓球、キャッチボール、Wii のゲームなど体を動かすプログラムも熱心にやってくれています。特に、卓球の上達には目を見張るものがあります。私もついていけなくなってしまいました。また、あちこちで個人的に仲間と話す光景もみられるようになりました。このプログラムは、一応、半年をワンセッションとしています。自己表現をうまく行うテクニックを身につけようということですが、これからはどんどん自分の意見を述べて下さい。

それから、現在、宴会担当者と出版計画担当者が決まっていますが、これからいろんな役割についてもらいます。まずは二週間後にショートケア室新装オープンのパーティでしたね。担当者は連絡名簿、食事メニューや買い出し計画よろしく。今回は私の驕りです。

夏

浜辺で眩い陽光に若者の肌がキラキラと輝く時、余計に自己を覆う暗い闇を意識する季節です。

七月三一日　第一三回ショートケア　テーマ：社会参加するための自己アピール

宮西：私が今も愛読する漫画に、『釣りバカ日誌』があります。日本を代表するゼネコンに勤めるが、釣り馬鹿で出世などにはまったく興味を示さず、それを理解する妻に恵まれた万年ヒラのサラリーマン、ハマちゃんが主人公です。ある日ハマちゃんは「スーさん」という初老の男を知る。このスーさん、他ならぬハマちゃんが勤める会社の社長・鈴木一之助で、二人の奇妙な友情を中心に、高度成長期に失ってきた人情味にあふれた温かな人間関係を描いています。会社社会に埋没することなく自己確立ができているハマちゃんは、読者の現実には満たされない願望充足的であると同時に日本における青年期特有の心性を表現しています。

君たちは、受験社会や会社社会に過剰適応したマジョリティを普通人間と考え、そして、普通になれないことに苦悩し続けています。この社会でいかに生きるかを考えていきたいと思います。そこでこれから何回かは、社会参加に向けて必要なスキルをテーマにとり上げたいと思います。前回、履歴書の「自己アピール」欄を書いてくるように宿題を出しましたが、書いてきた人はそれを見ながらでもいいです、書けなかった人も今考えて話して下さい。

ピンポン：明るく元気なところがアピールポイントだと思います。人からよく言われます。そこそこあたっていると思います。（この後、彼は私と二人きりになった時に、「宿題の履歴書はまったく書けなかったです、中学卒（高校中退）なので」とこっそり伝えに来た。）

大正ロマン：昨日、履歴書を書いたところです。地方公務員を一年でやめたことを面接で質問された時、どう答えたらいいのか悩みます。同じ公務員を受けるので、志望動機と職歴を書くのに悩みます。「なぜ仕事をやめたのですか？」企画広報の仕事が自分に合わなかったのだと思います。イラストが好きで、昨年の面接では希望した担当でしたが、実際には会議に提出する書類作成などの事務的な仕事が多くて、思った仕事内容ではなかった。

ネトゲ：「職場が合わなかった」でいいのでは。

社長：家庭の事情でいい。

ＰＳＷ１：市長と気が合わなかったでいい。冗談、冗談…。

カフカ：履歴書に書くことがない。二〇年以上ひきこもっていたので。（皆、無言）

ネトゲ：芥川賞とれば食って行けるじゃん。

悲劇王：高校中退。大学も中退です。履歴書も今日初めて見ました。こんなこと書く必要があるのだったら、とても就職なんて不可能です。それに面接に答えるなんて無理です。

ロダン：特技、なんて書いたらいいのか考えたことなかった。

ＰＳＷ１：岡山県の生活支援センターというところで働いていた。財布を盗まれて、岡山が嫌いになった。それで、仕事をやめて和歌山に帰ってきた。アピールポイントは元気でにぎやかなこと。志望動機はその時書かなかったが、男性の職員が必要だったので採用された。運とかタイミングがある。

青年実業家：病気や障害をどう書いたらよいのか。
宮西：書く必要はありません。履歴書に書く欄もありません。警察官への応募の場合は治療を受けている病名を書くように求めていたと思いますが。
ホスト：履歴書を書いたことがあります。大学をやめて、さらに一年間の空白があるので、いかにごまかしたらよいのかわかりません。アピールポイントは英語が喋れることです。大学中退の理由をどう書くかわからない。
宮西：まずアルバイトをしながら本当にやりたい仕事を考えればいいのではないですか。中退理由は、入った大学の勉強内容が高校時代に考えていたものではなかった、でよいのでは。米国では社会人入学が大学生の半数を占めています。成績も平均年齢四〇歳の社会人入学生のほうが優秀だそうです。欧米では大学は親の経済的支援を受けないのが普通なので、まず仕事して大学で勉強する資金を稼いでから大学に入ります。それに、大学のレベルや内容が自分の思ったものでない時には転校します。中退や卒業した後、仕事についてから本当に勉強したいことが見つかった時に、もう一度大学で勉強するのが普通です。日本のように高校を卒業してすぐに大学に入るのが普通だと、また中退を落伍者のように考えるのは本来おかしいことです。
紳士：志望動機が重要と思います。その会社で何がしたいか、会社の売り文句をパンフレットを読んで勉強しておく必要があります。
カント：私は面接で自信過剰ではないかと非難めいた口調で言われたことがあります。それでもうだめだと思ったのですが、採用されました。一度、公務員になってやめてひきこもっていたので、その後の空白をいかに埋めるかが悩みです。やめた理由は、その仕事内容が合わなかったと言おうと思います。大正ロマンさんのように一度役場をやめて、同じ職種に就くのは難しいと思うので専門学校に入って資格を取りたいです。
社長：履歴書なんて適当に書けばいい。私は書ける。
宮西：これから履歴書のコピーを渡します。適当に書いて、次回持ってきて下さい。書いたものを見せ合って意見の交換をしましょう。そして、自分が仕事を選ぶ時、何を基準にするかを考えて下さい。そのために社会に出て、看護師やPSWとして働くスタッフに質問をぶつけてみましょう。（この後、何回もマスコミ、NPO、そして、福祉関係の方が見学にみえましたが、そのたびにむしろ仲間たちが鋭い質問をぶつけるようになりました。）

それから月一回予定の男の料理教室ですが、そろそろ第一回目を行いたいと思います。責任者を三名決めて下さい。材料の買い出しに行ってもらいます。思い出に残った食事を語り合った結果、第一回「男の料理教室」のメニューは、作るのが簡単なカレー、しかも、おばあちゃんの味がするアゲ・カレーにすることになりました。

九月二六日　第二〇回ショートケア　テーマ：親との距離

宮西：大学時代に見た最もショッキングな映画は、ギリシャ悲劇を素材とした『アポロンの地獄』です。自分の子どもに殺されると神託を受けたテーベ国のライオス王が、妻イオカステの生んだ男の子を殺すように命じます。そして、山中に捨てられたその子は、コリントスの王に拾われ、逞しい若者エディポに育ちます。やがて自分の出生に疑問をもち旅に出た彼に、「お前は父を殺すだろう。そして母と情を通じるであろう。お前の運勢は呪われている」と不吉な神託が告げられます。育ての親を実の父母と信じていた彼は絶望の旅に出ます。その途中で彼は実の父ライオス王に会い、乞食あつかいされたのに怒り、殺してしまいます。

私の記憶では、エディポがテーベに入ろうとした時、一人の老人が立ちはだかり、彼に「朝は四本足、昼には二本足、そして、日暮れ時には三本足になる動物は何か」と問うのです。彼は「人間である」と答え通過を許され、そこから地獄絵が描かれてゆきます。テーベではスフィンクスが暴れ、人々に災いと恐怖をもたらしていました。単身スフィンクスに挑み退治した彼は、実の母イオカステを妻としテーベの王となります。やがて真実を知ったイオカステは首を吊って自殺し、エディポは自らの手で両眼をえぐり放浪の旅に出ます。そして、映画のシーンは現在になり、一人の盲人が、若者の肩につかまり、彷徨って行く姿が映し出されます。その顔は、エディポにそっくりです。私はこの映画に強烈なショックを受けました。父を殺し、母を犯し、自分で両目をつぶし旅に出る。まさに両親からの自立と自己否定、そして自分探しの旅に出る青年期の心理を表現しているのだと思います。

最初に一度話題にしたテーマでしたが、重すぎるということで先延ばしにしていました。そろそろメンバーもお互い顔見知りになって何でも話せると思いますので、現在の自分と親との距離や関係について、今思っていることを話して下さい。

ネトゲ：家出をしてネットカフェに二カ月間いたりしたのは、自分のテリトリーを持ちたかったから。家から独立して食うだけ食えたらいい。両親と今は普通に話をする。気になるのは、親が「いつバイトを探すの」といった時ぐらい。親と離れたいとは思わない。親との距離がくっつきすぎると思うが今ぐらいがいい。一人暮らしはしたいと思うが不便になるのは避けたい。

カント：一人暮らしを二年間していました。家に帰ってきて四カ月たった今は居心地が悪くなってきた。一人暮らしをしていた時、最初は自由でよかったが、一年たった頃から誰か一緒にいてくれたらいいのにと思ったことがありました。同じ場所にいるのは好きでないので、今も一人旅に出たいのですが出れません。親の引力かな。

クール：親との関係はよくない。「働かなんだら出ていけ」と言われます。それで、父親とはここ一週間一言も話していません。

宮西：普段は話しているのですね、羨ましい。私なんかは、父親と話した記憶があまりありません。君たちの世代は、父親と友達のように話すのが普通なのですね。

クール：父から、仕事の話ばかりされると、気分が重くなってきます。ただ親の仕事場での話は面白い。愚痴を聞かされるのは嫌です。

紳士：両親と関係は良好です。大学で一人暮らししていた時は、食事も一人で、自分で作ることが多かった。親と一緒に食事するのが楽しいです。今も病院に送り迎えしてくれています。[毎日お父さんですか]両親が相談して交代で。[ご両親仲が良くて羨ましいですね]

マドンナ：三人姉妹、男性は父と弟だけです。家では女たちがよくしゃべり、父は寡黙だし、弟はほとんど家にいません。下宿するとなるとお金がかかるし、一人暮らしまで決心がつきません。確かに一人暮らしだと友達を自由に呼んだりできますが。

ネトゲ：父親の存在って薄い。自分のところは家に友達を呼び込んでいる。

ホスト：親との関係はよくない。家にいてもあまりしゃべりません。今すぐに一人暮らしに戻りたい。自由なので。掃除や洗濯は自分でしたい。自分の衣類に触られるのが嫌い。部屋に勝手に掃除に入られたくない。むしろ親から出ていけと言われたい。この土地で働けと言われるのが嫌です。

社長：離れで住んでいるので、親とはいい関係を保てている。飯を食べる時だけ顔を合わす。大学時代に下宿していた頃とたいして変わらない。大学時代はコンビニで食べ物を買ってきていたけれど。仕事を手伝っている時は、親と近くにいる。あまり話はしない。［理想的な関係ですね］

ゲスト（和歌山大学メンタルサポーター）：ワンルームで母と二人の生活だったので一緒に暮らしていた頃は上手くいかなかった。二、三年は、一緒に住んでいた。喧嘩はよくしました。［ここにいる何人かは、一日ももたないな。母と二人の生活は考えられない人が多いと思いますが］

紳士：母との関係はいいです。送り迎えしてくれています。よく話します。父とは何年も話したことがない。話したいとも思いません。

青年実業家：両親との関係は良好です。兄は就職して家を出たし、弟は東京で大学生活なので、今の自宅での生活は快適なのですが、兄弟は社交的で就職、結婚と順調で一人取り残された感がする。どうしたらよいのか不安です。［両親を一人占めできて幸せではないですか］両親は自分に関心を持っていないです。それで楽です。

カフカ：父を幼い頃に亡くしました。兄がいますが、自分は潔癖症なので家に入れたくありません。兄は普通に活動的で、外から汚いものを持ち込まれるのが嫌だからです。先ほど誰かが言いましたが、自分のテリトリー、自分の空間を守りたい、家全体が私の固有の空間です。［さすがに、文学青年らしい表現ですね］

悲劇王：父とは今もしゃべっていない。最近、母とは距離が近すぎるように感じるようになった。一人暮らししたいな、そういう感覚にまで自分を持ってゆきたいなと思っている。［よくわかります。自立への第一歩かな］

大正ロマン：両親とは仲が良い。よく電話をかけてくれます。親がいなくなった時に生きていけるよう自立しないといけないとは思っています。両親とも六四歳で、いついなくなるかもしれないので。

宮西：何人かから、親も六〇歳を過ぎると、年寄りで薬を飲んでいたりして、頼れなくなってくるとの意見が出ましたね。私はその六〇歳を過ぎて、もういつ死ぬかわからない存在です。ただ親としては、何歳になっても子どものことが心配でたまりません。子どもは親のことを心配し始めるとのことですが。

ピンポン：親との関係は良好です。テレビなど一緒に見て面白いなどとよく話します。［父親とですか？］父はいません。母も六〇を過ぎ、病気になることもあるので、一人で生きていけるようになっておかないと、食事とか……。親もそのことを心配しています。祖母も病気で寝たっきり、入院しています。

オタク：関係よすぎます。幼い頃は厳しかったのですが、小学校の時に病気をしてから優しくなり甘やかされて育ちました。学校の話題（卒業はしてほしい）や仕事のことを時々話してくるので、その時は嫌です。しかし、親と一緒にいることは苦痛ではありません。

ロダン：父は気さくに話してくれるので、関係は良好です。母とは上手くいっていない。細かいことばかり言ってくるので。人の部屋に入って勝手に掃除したり、母のペースに乗ると、どんどん距離が近くなってくるので離れたい。

ナース1：親はあまり家に帰ってこない、早く働けという環境で育った。親はあまり子どもに関心を示してくれなかった。親は怖いというイメージがあった。今は離れて生活している。やはり病院通いをしている。それで孤独死していないかと心配にはなる。両親のけんかばかり見ていた。母は嫌いだった。母親のだらしなさだけが記憶にある。母の存在は私の中にない。

ナース4：親との関係は良好。末子で、兄弟全員野球をしていた。父は監督をしていたので、中学、高校でも試合になると来てくれていた。母は話をよく聞いてくれる。父に反発したことはある。それでも父は私の言いたいことをよくわかってくれた。今、私が父と同じことを子どもに言っている。

宮西：現在は父権の喪失の時代と言われています。君たちからも父親の存在感の希薄さが語られました。確かに、子どもの社会化には父親の後姿が必要ですが、逆に父親は、共同体の象徴として大人への入り口で立ちはだかる代表でもあります。

父権があまりにも強大化した社会では、子どもと父との関係が害され父性の欠如が起こると言われます。あまりにも強く、威圧的な父のもとで育つと、子どもが集団との関係とか、世間や社会との良好な関係を結べなくなります。父親が代々医師や教師といった家の長男にこういった問題がよく起こっています。また逆に、父性の欠如が生じると、若者は理想的な強い父親像を求めるようになります。これは現在の若者に多くみられる現象です。

九月二六日　第二一回ショートケア　テーマ：これから何がやりたいか

宮西：ここに今日集ってくれている君たちは、およそ半年間で、家でばかり閉じこもっていた長年の生活から少し脱し、専門外来とショートケアに来てくれています。最初は、送り迎えをお母さんにお願いしていた君たちの中にも、帰りは仲間と帰っている人、一人で行き帰りするようになった人がいます。それに仲間とハンバーガーショップなどに寄り道する人も出てきました。そして、自分の意見を語り、卓球やゲームでは歓声が上がり、順番を待つ間に仲間と自主的に話す人も出てきました。

これからの三カ月間は、アルバイトや就職活動など社会参加へ第一歩を踏み出せるように皆で協力しましょう。予想以上に頑張ってくれています。半年間を一区切りと考え、次の半年間はもう少し社会参加ができるように一緒にやっていきたいと思います。少し自信のついた人は、新たに金曜日もショートケアを開始しますのでそこにも参加して下さい。

今日は「これから何がやりたいか」、君たちの意見をきかせて下さい。

オタク：アルバイトをしてみたい。［どういった職種がいいですか?］倉庫での荷卸しとか、人間関係の少ないところでやりたいです。大学への復学は、アルバイトができるようになって考えたい。

宮西：達人は二回目の参加ですね。お兄さんばかりですが、大人しく、優しいお兄さんたちだとすぐわかると思うので頑張って下さい。君のやってみたいことは?

達人：高校に行けない、行きたくない。［塾とかは？］これまで行ったことがあるけれど、もう嫌です。［何かしたいことがありますか？］大学に行きたいが、高校に行けません。高校に行けないから大学に入れません。［高校に行けなくても大学入学は可能です］やってみたいです。

宮西：それでは二人のお兄さんに手伝ってもらいましょう。君は数学が得意で、家で勉強していましたが、最近、集中力がなくなってきたと言っていましたね。そこで、社長に週二回、一回一時間卓球を教えてもらいましょう。そして、ネトゲには高校に行かなくても大学に入る方法、高認の取り方と得意な数学の解らないところを教えてもらいましょう。

紳士：ショートケアでの経験はアルバイトに生かせそうです。人と話すことに慣れてきたので、アルバイトができるように思います。一〇〇円ショップなど簡単な仕事から。卓球で体力もついてきました。母の心配そうな顔を毎日見ていて、働かないといけないと思っていたのですが、これまで外に出る自信がありませんでした。大学時代にはアルバイトをしたことがあったのですが、楽しいことはありませんでした。お金をもらう分、サボっておれないので大変です。

宮西：私の子どもも東京でチラシ配りのアルバイトをしていた時、会社の人は見ていないと思って、コーヒーを飲んでいたら、会社の人が怒って飛んできたそうです。働くということは大変ですね。しかし、自分で稼いだお金を使う喜びはまた格別ですよ。

中也：ショートケアに来て、人の話が聞けるのでよかった。創作活動をこれからやってみたいです。三年前から、はり絵をやっています。色紙を細かく切って似顔絵などを作っています。（普段は口数の少い中也ですが、この時は表情を和らげ軽やかな口調で話してくれました。）

宮西：今度作品を見せて下さい。皆で一度似顔絵を作ってみませんか。素晴らしい写真を撮っている人もいるので、一度、フロイントの会の展示会をやりませんか？

ロダン：ここに出てこれるようになったが、高校に急に戻れそうにない。家では勉強が手につかない。どの教科でもいいから勉強をしていきたいです。大学には行きたい。理系、例えば数学を学びたい。

宮西：急いで高校に戻らなくてもいいですよ。これからは「……しないでも、……する方法」について何回か考えてゆきたいと思います。高校に行かずに大学に行くことも考えていきましょう。特にここに集まっている先輩たちは、受験勉強だけは得意な人が多いので安心して下さい。

悲劇王：これから半年、今の活動を続けてゆきたい。家にいると考え込んでしまうし、そうすると母親にあたってしまう。ここみたいに出ていく場所があると出やすい。これまでいろんなところに相談に行ってもすぐにダメになったのに、ここは半年も続いている。これほど一つの場所に継続して出てこれたことに驚いている。パソコン教室にも通えるようになった。バイトに関しては、しないとダメだなと思うが自信はないです。簡単なバイトから始めたいが、ここにきてもまだ不安が強いのは変わらない。周りの人は上手く話ができているのに、自分だけが違うと考えてしまう。

宮西：そうですね。二人でこれまで話してきたように、君は自己評価が低いですね。皆も私と同じ意見だと思います。君の発言はまとまりがあってわかりやすいです。皆さんはどう思いますが。（同意の声）自己評価と他者評価のギャップを埋めることがこれからの課題ですね。

大正ロマン：仕事をやめた今になって、なぜやめたのかと考えることが多くなりました。バイトは楽でない。大学一年の時、何をどうしたらよいのかまったくわからなかった。情報がなかった。それで、バ人にも乗れなかった。人がいっぱいいるところが苦手で大学に行けなくなってしまった。休学していたので、バイトをしたはうがよいと思いましたが、できなかった。大学を四年で終わって、何十年も仕事を続けることなど考えられなかった。ある程度生活にパターンができるまでが大変、大学でも、仕事でもパターンができれば楽になると思います。

カフカ：仕事は月に一、二回の作業所で精一杯です。アルバイトなどできません。来年の八月が三五歳の誕生日なので、それまでにこれまでの作品を形（本）にして成果をあげたいと思います。親も歳をとってくるので、働かなければとは思いますが……。

ピンポン：働いて稼げるようになりたい。アルバイトは最初の関門です。今まで経験がなさすぎました。今まで外に出る機会がなかった。ショートケアも初めは緊張しましたが、いろんな人の意見が聞けて参考になりました。

社長：広い空間がダメ。それでアルバイトできない。最初は病院に来るのも緊張するので、母親に送ってもらっていた。最近は緊張が和らぎ、一人で来れるようになった。今は働こうとは思わない。

ネトゲ：バイトも電話をかけるまでが大変。家にいると悪いダメなパターンになってしまう。

ナース1：私もここに来る時、最初は緊張した。以前バイト先に電話をかける時も緊張した。現在は食べるために働いているというのが正直なところ。サーフィンをやりたくて大会にも出た。登山が好きでインストラクターになりたかった。理想と現実は違う。本当は趣味が仕事になれば理想的だが。

ナース5：唯一したアルバイトは、飴を作るバイトだった。仕事以外では、筋トレの専門家です。

宮西：さて半年がたちました。後半では「〇〇なしで、××する方法」を考えていきたいと思います。例えば、働かないで食っていく方法、今日の話題にあったように、高校に行かないで大学に行く具体的な方法などを考えてゆきたいと思います。

この半年間で、皆よく話し、活動的になりました。エネルギーがあり余っているように感じる人も見受けます。ショートケアを週二日にし、金曜日により活動的なプログラムを組んでゆきたいと思います。ただ、これから何をやってくれるのかといった声がよく聞かれますが、家から外に出るようになり、仲間と話が弾むようになれば、ショートケアの目的は半ば終了です。これから先は君たちの自主性が必要です。そのために、水曜日はスタッフなしの自助グループの活動日にしています。最近、一人ではまだ外に出にくいから数人で買い物や遊びに行きたいとの希望が多くなっています。これからは自分たちで何をやれるかも考えていって下さい。

秋

過去の悲惨な体験と少し距離を置けるようになり、射し始めた微かな光に不安を感じる季節です。

一〇月一六日　第二四回ショートケア　テーマ：結婚について

宮西：今回のテーマは、「再び結婚について」です。大学時代に私が授業をさぼって映画館に通い詰めていたことはすでに話しましたが、同じ映画を複数回見たのは「卒業」だけです。それも三回見ました。私と同世代の中高年の人ならご存知の映画だと思います。卒業は、一九六七年に米国で制作された青春映画です。「アメリカン・ニューシネマ」を代表する作品の一つです。映画そのものより、むしろサイモン＆ガーファンクルのテーマ曲の「サウンド・オブ・サイレンス」が広く知られています。ストーリーは極めて単純なラブストーリーです。こんな話をすると君たち若者はきっと韓流ドラマに夢中になる、現在の中年と同じだと鼻で笑って馬鹿にするだろうと思います。性的欲望、恋、そして、結婚と、まさに青年期の卒業をテーマにした映画です。これ以後、私はダスティン・ホフマンのファンになりました。また、その後制作された「真夜中のカーボーイ」も感動的でした。では今日のテーマに入りましょう。

カント：結婚しないで暮らしていくには、家事ができることが重要だと思います。下宿時代に食事をたまに作っていましたが、毎日となると大変。しかも、仕事をしていたら、疲れて帰って手早く料理しないとばかり考えていました。それと、歳をとると一人は寂しくなると思います。パートナーは欲しい。結婚はどちらでもいい。

達人：「君は、一六歳なので結婚を意識したことはないと思いますが」考えたことはないです。女の子とは話せないです。特に、同い年の女の子はダメです。興味のない人とであれば話せますが。ここでは話しやすくなりました。

ナース1：毎日、一緒だといやになるが、ずっと一人だと歳をとったらきっと寂しくなる。

ピンポン：レンタルワイフはどうですか。（皆がいい、いいと賛成。）

ホスト：一人だと食事が一番困ります。毎日、コンビニの食事だと飽きてきます。今は寂しさを感じませんが、このまだといずれ一人になってゆくのだなと考えます。生活するうえで、いろんなことで不便になってきます。年老いて車にも乗れなくなると買い物もできなくなってしまいます。

宮西：弁当の宅配サービスやデイサービスを利用する手もありますが。それに女性のほうが早く動けなくなることもあるのではないですか？

ロダン：結婚はしたくない。束縛されたくない。価値観が違うので、合わせていくのがしんどい。

ネトゲ：結婚すると金がいる。定年までは職場での友達がいる。定年後は趣味の仲間とか職場とは違ったつながりの友達を探せばいい。一人は寂しいと思う。結婚はできないと思う。自分を理解する人なんか出てこないと思う。

大正ロマン：今は、結婚より何のために生きているのかを考えます。打ち込めるものが必要です。仕事とか社会参加。生きている意味を見出せれば、結婚も可能かと思いますが。親が死ぬと孤独になってしまうので結婚も必要と思いますが、僕は結婚できない派です。普通の人生を歩んでいたら、結婚はするものと思います。僕は普通の人生を歩んでいないから。

社長：一人の時間がほしい。結婚しないで困るのは病気になった時くらいかな。

悲劇王：結婚のイメージがない。親がいなくなった頃には、自分も老いている。体も弱ってくるし、心もきつくなる。孤独に慣れておかないといけないなと思う。

紳士：自分は潔癖グセが強いので、自分が納得いくように掃除や整理整頓をしないと気が済まない。結婚となるとこのことが障害となると思います。生活を別にしておかないといけないので、二世帯住宅が必要です。自分の生活を守る必要があります。同じ価値観をもっていないと、長くつき合って行けません。

S系：結婚をしない場合、病気や老後のことが心配です。ボケたりした時どうしたらいいのか考えます。どこの老人ホームに入ろうかとか、誰が葬式を上げてくれるのか心配になります。結婚には夢をもてない。友達からよく「なぜ結婚したくないの」と言われる。「子どもは欲しい」といった声を聞くが、今の時代、子どもを産んでもちゃんと育たない。

ネトゲ：リアリティがあって恐い。五年前にそんな話を聞いたな。

オタク：結婚は考えられませんが、定年退職した時に、どうやって稼ぎ生きていくか心配です。（年金、貯金、土地を貸す…、と意見が出る。）

ピンポン：レンタルワイフがあれば気が楽です。仕事で楽しいことがあったりすると、家に帰って聞いてもらいたい。

家事も一人だと大変です。病気で入院した時も困ります。仕事ができるようになって、自信ができたら結婚考えようかな。

青年実業家：結婚しないと寂しい。一人で生きてゆく自信がない。しかし、結婚して別れる時、相手が死んだ後のことを考えると、生きてゆくエネルギーが出るか不安。

宮西：確かに、それは実感です。しかし、現在、日本人の平均寿命は女性のほうがかなり長いですよ。ニヒルな考えの君からこんな意見が聞けるとは思ってもいませんでした。新たな発見です。

カント：たくさんのお金をかけての葬式は必要ないと思います。しかし、喪に服する期間は必要と思いますが。皆さんはどう思いますか？

宮西：お葬式は必要ないとの意見が多かったですが、お葬式は通過儀礼の一つです。お葬式の意味として、社会心理的側面があると思います。若い時に、マヤ社会での葬送儀礼を調べたりしていたのですが、日本とよく似たことが行われていました。その代表的なものは、死んだ人には早くあの世に行ってもらおうとする行為です。日本では棺を出す出口に仮門を作り、葬列が家や葬儀場を出発する際に、故人が一番大切に使っていたお茶わんなどを地面に投げて壊します。死者がこの世に未練を残さないように、死者が迷い霊としてこの世にとどまると、災いを引き起こすという考えに基づいたものです。愛する人が、あの世に無事に旅立って、残された者の気持ちの区切りをつける、喪失体験を早く処理して、早く社会活動を再開、正常化しようとするための社会心理的機能が働きます。現在は、通過儀礼喪失の時代と言われています。結婚式、そして成人式などが本来の通過儀礼の意味を失ってきています。

一〇月二三日　第二五回ショートケア　テーマ：自分のセールスポイント

宮西：今日のテーマは「自分のセールスポイント」の二回目です。アルバイトや就職先に提出するつもりで、今回は三行くらい書いて下さい、その後で説明してもらいます。

カフカ：文章を書くこと以外にセールスポイントはありません。私も、小学生の頃は子どもに好かれました。よく近所の子どもが集まってきて、遊んでやりました。

ネトゲ：一つは、正直者で嘘をついてもすぐにばれる。裏表がないし、見栄を張らないところ。二つ目は、楽天家で気持ちの切り替えが早いところ。そして三点目は、地道なことが好きなところ。誰でもやれる、単純な作業なら続けてやれると思う。

宮西：かなりポジティブな自己評価ですね。もう一人のサポーターの意見を聞いてみましょう

カント：半年間、彼とつき合って裏表がないことは私も感じています。ただ、批判的に言えば、気持ちの切り替えが早いというのは、嫌なことはすぐにやめるということではないですか。そして、私がみた彼の長所であり欠点は、集中力はあるが、集中しすぎると他のこと、周囲の状況を考えられなくなってしまうことだと思います。

ネトゲ：きつう、そこまで言うか。

宮西：どんどん厳しく言いましょう。そのために彼にサポーターとして金を払っているのですから（苦笑）。具体的にどんな職業を考えていますか？

ネトゲ：機内食を作る仕事。同じ食事を大量に、単純に作り続けられるから。ほっか弁の店もやりたい。

カント：集中力があることと細かい仕事を長時間できることです。人からは謙虚にみられていると思っています。仕事としては、郵便局の仕分けなどが適していると思います。［普段の君は、冷静ですが、話の内容が少々難しく堅く感じるのですが。皆さんはどうですか？］

聖人：意外な気がします。しっかり者で高学歴で、もっと専門的な仕事をしたがっていると思っていたのですが。

ネトゲ：彼を大人に感じます。

大正ロマン：僕は、一見、まじめに頑張る人のように思われていると思います。物事を論理的に考えるタイプで、やり始めると、こつこつ何でも継続できる努力家だと思います。ただ、いつも間違っちゃいけないと考えすぎて、ついスタートが切れなくなってしまいます。

宮西：大正ロマンは仕事に就いた経験があるので、履歴書で自己アピールする時は、もう少し個性的なところを主張す

る必要があると思うのですが。［大正ロマン：……］それでは、君はすぐに就職しないで、専門学校に行こうとしていますが、大学と専門学校の違いを教えてあげて下さい。

大正ロマン：専門学校は、学校や先輩の説明を聞いたことからの判断ですが、就職に直結したサポートをしてくれるところです。必要な知識を教えてくれるところ。私は経済学部を卒業したのですが、授業内容は就職に関係のないことばかりでした。

ピンポン：思いつかない。［ショートケアでは非常に明るく、活発に活動してくれていますが？］場に慣れれば、明るくでき、皆とも話せます。今までこのような場がなかったので、家でこもってしまいました。良いところは、性格がまじめで努力家、規律やルールを守るところ。運動して、身体を動かすようになったので、元気が出てきました。思い浮かぶ職業は……理学療法士とか、一番興味があるのは心理学です。

達人：セールスポイントは、集中力があることです。仕事は単純作業が好き。難しいことを考えずにやれるから。中学の頃、何になりたいとか夢などなかった。明日のテストが一夜漬けでできるか、試験のことばかり考えていました。小学校時代は将棋友達と楽しくやっていました。中学で私学の中高一貫校に入ったのでその友達と別れてしまいました。そこでは皆勉強がよくできて、いつの間にか成績に差ができてしまって将棋に逃げていきました。大学には行きたいです。

宮西：皆が感じていることだと思いますが、君は明るくなりました、逞しくなりました。子どもも子どもしていたのですが、すっかり高校生っぽくなってきました。卓球を頑張っているからですね。大学に入れるかどうかは、ここのお兄さんたちの責任です。お母さんに言っておいて下さい。不合格でも私を責めないようにと。勉強はいつでもできます。まずお兄さんからいろんなことを学んでおきましょう。

S系：修道院に入りたい。悟りを啓きたい。

宮西：修道院の人たちは悟りを啓いているかな。有名なキノコの研究家であったグアテマラの私の友人は、カトリック系の修道僧になったのですが、三〇歳過ぎてからでないと修道院に入れませんでした。それまでは迷いが出るとのことで。今は、百数十名の孤児を育てています。

S系：まだまだ入れませんね。

宮西：まだまだこの俗っぽい社会で生きて下さい、楽しいこともありますよ、どうですか哲学青年。

カント：自分は謙虚で、批判精神が豊かだと思います。自己愛が強すぎるのが欠点だと思いますが。［哲学塾はどんな人が集まっていたのですか？」変な人ばかりでした。ここに集まっているみんなのように、大人しい人はいませんでした。テロ組織に入っている人、北朝鮮と関係のある人……すごく変な人ばかりでした。ここの仲間は安心できます。

オタク：箸をつめるバイトをやりたいです。木曜日に電話しようと思っています。［今度は、電話をかける時に私の助けはいりませんか？」一人でやってみます。［頑張って下さい］

S系：派遣会社でアルバイトをしたことがあります。チラシやインターネットで見て、登録しておいて、電話があると履歴書を持って面接に行きました。断られることはなかったのですが、よく遅刻して首になりました。動物園の飼育補助をしていました。子どもが見学に来た時に、餌をやってみせる仕事でした。工場でもアルバイトしたことがあります。

ロダン：セールスポイントは、数学が好きなことです。小さい頃から数字にこだわり、数字と関係があるいろんなことを調べた。

紳士：理系人間です。物事をじっくり考えて、根気よくやるところが長所だと思います。学生時代に、ソフトボールをやっていましたが、まじめで、熱心にやれました。

大正ロマン：言語聴覚指導士を考えています。

宮西：地味な仕事で、君にあっていると思うのですか。仲間の意見を聞いてみましょう。

ネトゲ：スーパーの荷出しがあっていると思う。

大正ロマン：社会性がないということですか。

ネトゲ：デザインが得意なのに、公務員試験ばかり受けていたのですか？

大正ロマン：自信がないし、仕事にしたくはありません。
宮西：とにかく三人展の計画は進めて下さい。今日は、文化祭のポスター作ってくれますか。よろしく。
社長：セールスポイントは義理堅いこと。パチスロで勝った時は、すべて仲間と分けた。高校時代からパチスロに凝り始め、高校は週休二日制にしていた。それが先生にばれてやめた。いい大学に入っているが大学は親に強制的に行かされた。それですぐにやめた。
青年実業家：専門学校に行っていた。会計学をやっていたが面白くなくやめた。数字には強いと思う。
ネトゲ：いやネトゲ仲間の臭いがぷんぷんしている。
青年実業家：ばれたか。本当はネトゲ廃人です。
悲劇王：丁寧に作業するところぐらいです。社会に関わってこなかったので、どんな仕事がやれるのかわからない。自信がない。本はよく読むのですが。
ネトゲ：いや自信たっぷりに見えますよ。
悲劇王：自分を出すのが下手で、このショートケアでも、自分だけが劣っているように思います。
ネトゲ：服とかもおしゃれだし、ヘアスタイルも美容院でやってもらっているということで、なかなかのものだ。一番落ち着いているように見える。
中也：感情を出せない。［もうちょっと、大きな声を出してくれればいいのですが］
宮西：では社会に出ることでは先輩のスタッフの意見を聞いてみましょう。
ナース1：バイト面接の経験はないです。電話をかけて予約をして、面接になるのだと思うが、自分だと電話する前が一番緊張すると思う。
PSW1：続いたバイトは居酒屋です。一、二年やったことがある。お菓子作りやイベント屋なども。一年間はバイト面接に落ちまくった。仕事は、大学、心理学科を卒業して、一年間専門学校で勉強してPSWの資格を取った。患者さんの身のまわりのことで役立ちたかったからです。

ピンポン：カウンセラーになるにはどうしたらよいですか？

宮西：現在の臨床心理士資格は国家資格でなく、学会の認定資格です。普通は学会が指定する大学院の修士課程を出て経験を積んで資格を取ります。教育学部にもスクールカウンセラーのコースがあります。自分が悩んだ経験を活かしてカウンセラーを志すのは素晴らしいことですね。後で、カウンセラーの現状を詳しく説明します。

ショートケア番外編　一一月一四日（マヤの若者との交流会と居酒屋での食事）

宮西：今日は私の長年の友人である。マヤ人に来てもらいました。グアテマラ共和国のサンチアゴ・アティトラン市からのお客さんです。前回にスライドを用いてマヤ文明やマヤ人の生活を紹介したので、早速、討論に入りたいと思います。

マヌエル・レアンダ（元サンチアゴ・アティトラン市長）：まずグアテマラの現状をお話したいと思います。日本のように教育を受ける機会に恵まれていません。私の町でも小学校を卒業できる子どもは半数に満たず、六割以上の村人はスペイン語の読み書きや計算ができません。特に三六年間も続いた内戦によって父親が殺害され、収入がなくなり学校に行けなくなった子どもが多いのです。文字の読み書きや計算ができないと、仕事につけずより貧しくなり、アルコール、マリファナなど麻薬に溺れ、さらに経済状態が悪くなる悪循環を繰り返しています。

内戦の結果、村人間や世代間の分断が生じました。隣の人が、親戚が軍隊に密告するかもしれない、そうすると殺されます。そんな不信感から村人の孤立、家庭内での若者の孤独化が進みました。父親は若者に内戦のことを語れず、また、家族を殺害された被害者も相談するすべを失っていました。

日本の若者が孤立化を深めているといいますが、父親の存在感がなくなったのかもしれないと思います。マヤ人は、かつて男子は父親から釣りの仕方を習い、トウモロコシの作り方を覚えました。女子は母親から料理や家事を教えられました。しかし、内戦が激しくなると農作業に出られなくなりました。山にあるトウモロコシ畑に出かけようとするとゲリラだとみなされ、軍隊に射殺されたからです。

マヤで若者が孤立した時には、ネルビオ（霊魂が弱くなった状態）になったと考えられて、マヤの伝統医（呪医）が大地の神の力をかり治療を行っています。

アントニオ（マヤの青年教師）：不登校になることは稀ですが、私たちの町でもあります。私は兄弟が一二人います。その一人の一五歳の弟が不登校になりました。外出しなくなり、家にばかりいて何もしなくなりました。中学三年生時の成績は、総合評価八〇点で優秀でした。何度も学校に連れて行ったのですが、学校まで来ると恐れ、帰ってしまいました。彼はネルビオになり力を失ってしまったのです。

それで私たちは、毎朝、三回彼と一緒に泣き、そして、力を取り戻せるよう神に祈りました。一五日間、毎日一緒に泣き祈ると学校に行くと言い出しました。それから無事卒業しました。（討論は、マヤ人の生活、教育、そして、若者が抱える問題に至るまで幅広く交わされました。そして居酒屋で食事会を開きました。）

一一月二〇日　第二九回ショートケア　テーマ：グアテマラの印象

宮西：居酒屋に初めて行った人も多かったと思います。今回は、交流会で感じたことや病院の外での食事会について話して下さい。

カフカ：精神的社会、神が人々の心に浸透している社会だと思いました。孤独になっても、まわりの人がそのことに気づき心配りができている社会。日本社会は個人の主張が強い、彼らの社会は人と人のつながりが深い社会だと思います。

ロダン：国が変われば、価値観が変わるのだなと思った。神様や信仰心が篤い国だと思った。宴会は初めてだったが楽しめた。大人数での食事は初めてで、二七名もいたので緊張はした。

中也：（無言）

宮西：皆で準備を熱心にしてくれましたね。歓迎のために描いてくれた絵は、ムンクの叫びをもじったネトゲの似顔絵で、しかも、グアテマラの国旗の色を配しての若者の苦悩する絵は力作でした。

紳士：グアテマラでは父親がしっかりしているのだなと思いました。最近の日本の家庭では、教育においても父親の存在がない。宴会は久しぶり、大学でのコンパ以来でした。雰囲気がよかった。リラックスして皆が話していました。

大正ロマン：グアテマラはスペインに征服されたのに伝統的な宗教を残しているのですね。どんな方法で残しているのですか？

宮西：現在のマヤ人の集落では、教会が立ち並んでいます。ただ、内部で行われている宗教儀式はキリスト教の世界とは異なるものです。マヤは多神教で強い神の一人としてキリストを受け入れてきました。マヤの神々は、キリスト教の聖人の顔をして生き続けています。

大正ロマン：信仰心の篤いのに驚きました。飲み会は、しんどくてじっとしていました。大学を出て仕事についた時も一番苦手でした。それで、ひどいことを言われたりして。その記憶が今でも残っています。これから専門学校に入学したり仕事を始めたら、こんな場が多くなるのに、もっと飲み会でもコミュニケーションが上手にならないといけないと思いました。

嘆きの寅：宴会でも普通に食べれました（笑）。マヌエルから教えてもらったように（彼は、大学の英語のクラスでいじめられて、授業を受けられなくなったことを話し、どうしたらよいかマヌエルの意見を訊いた）、僕は、神に強い力を貸してくれるようにお祈りを何回もして、相手に怒ってはいけないと心に言い聞かせ続けていたがやめた。効果がなかったので。（三日坊主ではな、もっと続けないと意見が出る。）初詣に行って神に祈っても、その帰りに交通事故で死ぬ人もおるのやから、神はいないと思う。

S系：父親と母親の役割のバランスがいいなと思いました。父親は男の子に、そして、母親は女の子に生きるための知恵を教えているが、悩みの相談になると、父親は娘の相談を受け、母親は息子の悩みを聞いている。そして、その後、父親と母親が子どもの悩みいかに解決していくかを話し合っている。両親のコミュニケーションがよくとれていると思いました。父性が強すぎると、子どもは親に支配され、母性が強すぎると、子どもが親に飲み込まれてしまい成長できない。交斜型の相談体制はよいと思います。［非常に分析できていますね］宴会は参加しませんでした。苦手です。

カフカ：日本では、子どもは親の後姿を見て育つというが、グアテマラでは親と子が向かい合っている。親と真正面から向かい合って相談できる社会はいいなと思いました。私は、父親の仕事をしている姿を見たことがない。たまに父と話し始めると、仕事場でのアンモニアのことだけを話したり、お互い真剣に話した記憶がありません。

青年実業家：私の家でも同じです。父は酒を飲んで寝ているばかりだった。

宮西：私もそうでした。家に帰ると仕事の疲れで、食事が終わるとテレビを見て居眠りばかりして非難されていました。ある時、私が相談に乗っていた学生が、偶然に仕事をしている父親の姿を見て凛々しいと思った、それまでは半ば軽蔑していたけど、それから父と話す機会が増えました、と教えてくれたのです。私は反省し、それ以後、講演会や外国人が来ると子どもたちも参加させるようにしました。子どもたちは、家庭でのぐうたらな姿から想像もできない父親の姿を見ることができて感動したと言ってくれました。

冬

社会の冷たい風に身震いしながら、旅立ちを決心する季節の到来です。

一二月四日　第三一回ショートケア　テーマ：なぜ、ゲームをするのか

宮西：五名が一一日にアルバイトに参加することになりました。チャリティー・バザーで設営の仕事です。頑張って下さい。今回のテーマは「なぜ、ゲームをするのか」です。

社長：僕がハマったのはスロット。依存性がある。負けたらむかつくのでので勝つまでやろうとする。二〇〜三〇万円勝つと快感を感じて、またやろうとする。勝っても負けてもやめられない。高校時代からやっていた。大学は行くのが面倒になってやめた。今はスロットもやっていない。

ネトゲ：勝利の優越感に浸れる。トップに立つことが必要で、食事の時間ももったいなくなる。コミュニケーション手段ともなっている。ネットゲームの背景に、人間関係の形成がある。金が減ってゆくのが困った点だ。

カフカ：マラソンと同じだと思います。走り終えた後の快感があるからではないですか。
ピンポン：小さい頃からカードゲームに凝っていました。
大正ロマン：ネットと本を読むことにはまりました。一時、「ネカマ」（ネット上で女性のふりをして書き込む男性のこと）になりました。
宮西：まだ私には「ネットゲームの楽しさ」がわかりません。もう少し詳しく教えて下さい。
カント：ネットは仲間作りに役立ちます。私はミクシーに入っています。しかし、このネットコミュニティで語られることは、半分は嘘だと思っていないとひどい目に合います。家の住所とか、本名を簡単に教えるべきではありません。メールがしつこく送られてきて困ったことも多かった。実際に何人かのネット友達と会ったが、失望することのほうが多かった。
大正ロマン：フェイスブックは、本名で登録しなければいけません。外国ではネットでも嘘いったらいけないとのモラルがあります。嘘がばれると罰せられたりします。2ちゃんねる（ネット上の巨大な掲示板）はまったくデタラメです。考えたことをすべて書き込むので、「トイレの落書き」と言われています。新聞社の情報なんかは信用できます。
達人：ゲームはよくする。
ロダン：中学三年でネットを始めた。論文を書くために情報検索が必要だったので。［どんな中学ですか?］中高一貫の進学校です。ゲームは気分転換になるし落ち着く。自分だけの世界に浸っているとの感覚があり楽しい。親はやめさせようとしていたが、今はあきれはてたのか何も言わなくなった。小学一年から進学塾に通い始めたので、小、中学校と友達と遊ぶ時間はなかった。中学受験勉強に追われていた時、友達の家でゲームを知りはまってしまった。
カフカ：ゲームにはまっていました。［君がですか。若者が幻覚剤でヴィジョンを楽しむのと、ネットでの世界とでは違いがありますか］幻覚剤には、同じファンタスティックな世界に入るのでも、過程がない。［いい表現ですね］
S系：大学での寮生活は楽しかった。メンバーがよかったからです。徹夜で人生について語ったりしました。卒業してからが最悪になりました。ゲームは楽しいからやります。つぎつぎと新しいコンテンツが出るので飽きることはない。

トロフィーをすべて揃えるのが楽しみでした。センター試験もゲーム感覚で楽しかった。大学に入って論文形式のレポートや試験が多く楽しくなくなってしまいました。大学では何が判断基準か見えてきません。明確な点数の評価がないので、順位がわからないからつまらない。

大正ロマン：小学校は楽しかった。同級生は七名（男子三名）だけだったので。男の子とばかり遊んでいたが五年生の時に転校してきた女の子と遊ぶようになりました。女性を意識し始めたのがこの頃でした。パソコンはコミュニケーションのツールとして必要です。情報は選ぶことが大切です。

宮西：ひきこもりやネット依存で苦しむ多くの若者が昼夜逆転による睡眠障害を訴えます。参加者の中にも経験した人が多かったと思います。私たち人類は太陽と共に数十億年生き、その影響を受けてきました。現代社会は、夜間でも人工的な明かりに溢れています。この人工的照明を人体は昼間の延長と錯覚してしまうことから昼夜逆転が生じます。人間の体は普通、朝が近づくと体温や血圧などが上昇し、活動の準備態勢に入ります。ところが夜遅くまで人工照明をあびていると、朝、エンジンをかけようとしてもうまくかからず、朝起きるのがつらく、朝食も喉が通らず、午前中は勉強や仕事をしようとしても頭が働かない状態となります。

この結果、ネット依存や不登校、そして、ひきこもり時に昼夜逆転が生じます。この改善策として、朝日が昇る頃の一持時間ばかりの散歩や、夕日が沈む頃の散歩は有効です。体の体内時計を正常化させるきっかけとなります。もちろん、そう簡単に正常化できません。無理をせずに夜間学校や夜のアルバイトから始めるのも一つの方法だと思います。数十億年の人類の進化と比べれば、人工照明の一〇〇年足らずはほんの一瞬に過ぎません。昼夜逆転も一時的なものでそれほど深刻に考える必要はありません。

三月二六日　第四七回ショートケア最終回　テーマ：残された生きられる時間が一年間であったら

宮西：最後のテーマは「残された生きられる時間が一年間であったら」です。ハードなテーマと思いますが、君たちの一年間の過ごし方を教えて下さい。

カント：死なないですむ方法を生きている限り探します。万が一死んでも自分を冷凍保存しておきたい。将来科学技術が進んだら、生き返るように。［今でもそんな会社がアメリカにあるそうですよ］死にたくない。死を克服する強さが欲しい。どうしても死から逃れないと判ったら教会に行きます。死を迎えるのに相応しい雰囲気があると思います。

宮西：N君は今日からショートケアに参加してくれます。これから新たな仲間が増えると思いますので、よろしくお願いします。N君はどうですか？

N君：実感がわかないので何をしたらいいのか思いつかない。多分、後に残された人がどのように悲しむかなどを考えます。

ネトゲ：手元にあるネットゲームの処理を考えます。そのままに利用されずに忘れ去られるのはもったいない。

紳士：スポーツ、特に大好きな野球をしたり、観戦して時間を過ごします。海も好きなので釣りもしたいですね。自分の趣味を思いっきりやって終わりたい。

中也：特別何もしたくない。ただ、自分のものを何も残さないで死にたい。［君の作品もですか］作品だけは残したいものと処分したいものを分ける。

牧師：ドライブが好きなので、行ったことがない日本のあちこちに車で行きたい。［私も死ぬまでに、駅前旅館を泊まり歩いて、電車の旅を妻と楽しみたいと思っていました。今ではそれもかないませんが］それから、大学を中退して金銭面でも両親に迷惑をかけたので、アルバイトをしてお金をできるだけ返したい。

S系：行ったことがないところへの旅行、海外に行きたい。例えば、マチュピチュとかイースター島です。マチュピチュはロマンがあります。それから、それまでに出会った知り合いに会いに行きます。

宮西：マチュピチュのふもとには温泉があるし、山の上にはホテルがあります。ただし部屋数が少なくて、予約はかなり早くからとらないとだめです。カップルで泊まるのに素晴らしいホテルだと思いますが、皆には関係のない話ですね。私はアンデスの高原列車に一番感動しました。インカの都クスコから、世界で一番高地にあるチチカカ湖畔のプノの町まで、コトコトと雪山をすぐ近くに眺めながらの旅が素晴らしかったです。物売りが乗り込んで来たり、雪解け水で顔を洗ったり、ただ泥棒が多く荷物から目を離せなかった。

嘆きの寅：普段どおりに過ごす。ショートケア室に来て一人で本を読んで死んでゆきたい。［外国は？］サッカー観戦に、スペインとイタリアには行きたい。

カフカ：遺作を書き残したい。恋愛をしたい。（エー、と驚きの声が上がる）したことがないので。明るい人がいい。

ピンポン：海外旅行をしたいと思います。それから高級料理店で思いっきり食べたい。

見学者：［次回から正式にショートケアに参加してくれます。もし話せることがあったら言って下さい］一年で死ねるとなると楽しいです。死ぬのは怖いが、ここまでって限ってくれると楽です。それ以上先を考える必要がないので。これまでも、自殺の日を決めてもうここまでと決めて生きたことがあります。その時は楽しかった。解放されました。死にきれなかったけれど。一年だけと自然に決めてくれるのだったらいい。区切って生きるとその後が違ってきます。生活が変わります。

宮西：貴重な意見を述べてくれました。では皆、今後よろしく。（よろしく）

ナース1：遺言状を書くかな。落ち着ける場所で最後の時を過ごしたい。

ナース2：家族のためにやり残したことを精一杯やりたい。

宮西：少しテーマがハードすぎたようですね。

一年間、君たちと話す時間が、私にとってさまざまな悩みから解放される唯一の楽しい時間でした。君たち若者の影響を受け、青臭い青年期の考えが蘇ってきました。楽しい時を共有できたと喜んでいます。君たちは社会に出る途中で失敗し、挫折感を味わい、そこから敗走した経験の持ち主です。一番印象的だったのは、誰かと一緒にいると空気が薄くなってきて、窒息してしまうとの言葉でした。だから恋人も作れないし、結婚もできないのだとの説明が心に残りました。君たちを取り囲む空気は均一でないことがよくわかりました。これから女性と話すのに、他人と話すのに臆病になった意気地のない若者と考えるのはやめようと思います。

Ⅲ　素晴らしい仲間たちの一年後

ネトゲ：ショートケアでは活発で不登校の中学生の訪問もやってくれています。ただし、家ではオンラインゲーム中心の生活に変わりはありません。というより変えるつもりはなさそうです。しかし、短期のアルバイトをするなど経済的自立は考えるようになり、これまでとった単位を生かして通信大学に編入するか、就職するか目下検討中です。

カント：途中からメンタルサポーターとして活躍してくれています。話す内容や文章はしっかりとしていますが、あくまでも控え目で大勢の中で声が小さくなるのが欠点です。本人もそのことを自覚していて、ショートケアでは大きな声で話せるように必死に努力しています。辛口の意見も述べるようになりました。福祉の専門家になろうと通信の専門学校に通い始めています。

聖人：ショートケアでは積極的にサポーターとして活躍すると同時に、試験的に大学の授業に参加するようになりました。彼を可愛がった祖父母が病気に倒れ、介護などに忙しくなり一時サポーターを中断しましたが、本当に医師が天職かどうか、現在の大学への復学がベストかどうか悩みながらの生活を送っています。まだ親を安心させるための嘘をつけないのが気がかりです。

ピンポン：ショートケアでは明るく、特に卓球を始めてからは積極的になりショートケアで一番の腕前にまで上達しました。学歴がないことがコンプレックスとなり、これまでなかなかアルバイト探しのスタートが切れなかったのですが、初めて履歴書を書き、仲間とジョブカフェやハローワークに出かけアルバイトを開始し、お金を貯め心理学を勉強するために進学したいと頑張っています。

悲劇王：ショートケアでは、控えめですがすべてのプログラムに積極的で、討論では一番冷静で的確に意見をまとめて述べる優等生です。自分だけが他の参加者より劣っていて回復も遅いと自己評価は低かったのですが、集団療法で仲間からの評価を聞くことにより客観的な自己評価ができるように変化しつつあります。自分から話しかけることがまだできませんが、仲間に声かけをしてもらうと病院外での遊びにも参加するようになり、初めて具体的な就職活動を開始しています。

ロダン：ショートケアで最初は一人でゲームをしていることが多かったのですが、卓球の面白さを覚え仲間と話すようになりました。特に、数名の大学出の先輩と親密になり、進学の悩みなどを相談しています。一回で高認を取り、家庭でのトラブルも急激に少なくなりました。ショートケアに参加しながら塾での勉強もして大学進学を目指しています。

社長：ショートケアの討論では、いつも皆とは離れ会話に参加していますが、ゲームや卓球では仲間と打解けて遊ぶようになりました。また、途中から母親に送ってもらうのをやめ、自分で車を運転して参加できるようになりましたが、途中でパニック状態になる、特に帰りは強くなると訴えたので、同じ方向に向かう仲間や運転免許のない私が同乗して帰るようになりました。車中では活発に話し、彼の生の声を聞けるようになりました。さらに、帰りに仲間と喫茶店で雑談できるようになりました。人ごみの多いスーパーなどに出かける練習をしています。

S系：最初は無口でしたが、男たちがあかんたれであることがわかると、活発に自分の意見を述べ、さらに男性に辛口の批判を述べるようになりました。スポーツへの参加は拒否しましたが、料理教室では動かない男性たちに指示を飛ばすなど積極性がみられ、トランプなどを楽しむようになりました。控え目な男性の刺激剤として貴重な存在でしたが、母親への攻撃性も和らぎ、また大学だけは卒業すると一年で大学に復帰してしまいました。「早く戻ってこい、待っているから」と送り出しました。

クール：ショートケアでは最初から冷静、かつ活発でした。二人の仲間と専門学校を見学に行ったことを契機に急にアルバイトを始め、さらに福祉関係の専門学校に通い始めました。高校時代に教師から受けたひどいいじめで生じた心の傷の処理がまだ不十分なのが気がかりです。余裕ができたら二カ月に一回でも彼と話していきたいと思っています。

大正ロマン：アミーゴの会での経験があり、余裕をみせショートケアでは履歴書や就職面接、そして、公務員生活での失敗経験も冷静に話すようになりました。中学時代にやっていた卓球を楽しみ、再度公務員試験に挑もうと考えていましたが、大学でメンタルサポーターとして非常勤職員に採用されたため、お金を蓄えて専門学校で専門資格を取ろうと頑張っています。

達人：ショートケアでは活発で明るく、すぐに意見をはきはきと述べるようになりました。入院患者さんに得意の将棋を教えて喜ばれました。高認をとり大学進学を考えていたのですが、母親の強い希望があり、また高校側の配慮により別室での勉強を許されて、ショートケアに参加しながら大学進学をめざしています。彼の優しさをつぶさないような受験生活を送れるように見守ってゆきたいと考えています。

中也：ショートケアには規則的に参加して、切り絵など芸術的な事柄に関しては積極的に意見を述べてくれますが、他のことに対しては簡単な応答をすることに終始していました。展示会の話が上がると創作活動に活発になり、ブラックユーモアのある作品を作り出しています。まだ、普段の仲間との会話に入れていないのが残念です。

嘆きの寅：大学でひどい嫌がらせに会い、休学して愚痴をこぼし続ける日々を送っていました。しかし、家業や仲間とのボランティア活動には積極的で、アルバイトを開始して働くことの厳しさを知り、今までの自分は甘かったと反省しています。来年からは復学する予定で、卒業後の就職についても現実的に考えるように成長しつつあります。精神的自立に向かって、もうひと頑張りしてほしいと思います。

マドンナ：ショートケアでは明るく、料理教室でも優しく男性たちを指導していました。話の内容も豊富で、ショートケアの仲間たちはなぜ休学したのか不思議がっていました。半年後に大学に復学して、私たちはショックを受けました。無事、教員資格を取り卒業し、教師として活躍を開始しています。素晴らしい先生になってくれると確信しています。

ホスト：ショートケアでは、最初から仲間に話かける一見社交性もあるスマートな現在風の好青年でした。一番早くアルバイトを開始したのも彼でした。半年くらい経過して、ショートケアが終わったあと喫茶店やカラオケに行くようになると、皆を誘い出かけるようになりました。取り残した少ない単位を他の大学に編入して取るように進めています。器用すぎるところが気がかりです。

青年実業家：ショートケアでは終始大人しく控えめでした。経済的に豊かで能力もあり、また、最初は芸術的興味を示していたので、私は彼に大学に遊学することを勧めました。しかし、専門学校で得た資格をいかして就職の道を選択しました。今はショートケア卒業生の中で一番の高給取りです。彼とはもっともっと話したいと考えていたので心残りです。しかし、旅立ちを止めることはできません。これから同じ仕事人としてつき合っていければと思っています。

紳士：討論や意見の発表では、いつも簡潔に答えてくれました。スポーツが得意で、ショートケアで卓球を流行させた一人です。仲間の中でいち早く就職のための訓練を始め、仲間の社会参加への意欲を刺激してくれました。自分の現在の能力をみつめ、高学歴にもかかわらず簡単な仕事から開始したいと頑張っています。慎重すぎるのが気がかりです。

カフカ：毎回、作品をもってきてくれて私を苦しめてくれました。ショートケアの討論のテーマが、次週には短編の小説に早変わりしてしまうのです。最初の幻想的な文章には心を動かされました。登場人物や背景の肉付けをして、ストーリーをもっと現実的にできないかなどと野暮な要求したために、彼の特色をつぶしてしまったのではないかと後悔しています。しかし、自助グループの機関誌の発行で、その企画編集力にむしろ才能を感じています。この能力を活かせる仕事に就くのもいいのではと考えています。

牧師：病院まで三時間以上かかるのにショートケアに熱心に通ってくれました。すべての質問に誠実に答える彼の姿は、仲間や私を真剣な議論に呼び戻してくれました。休学中の大学は退学し、別の大学の通信コースに編入学しました。そして、親の負担を軽減するように一日も早く就職したいと活動を始めています。彼の誠実さや努力はきっと報われると信じています。もし社会が、彼が挫折し少し回り道したという理由だけで彼の能力を認めないなら、そんな社会は持続不可能と思います。

オタク：ショートケアは熱心に参加してくれました。ゲームやコレクションのフィギアに関しては積極的に話してくれますが、その他の話題では終始受け身で、自発的な発言や仲間との普段の会話がみられないのが残念です。現在の学部の必須科目で不得意なものが多いので、他の学部への編入を進めたのですが、もとの大学に復学しました。一生懸命卒業しようと努力し始めた彼のできる限りの後押しをしたいと思っています。

「三年で社会参加すべきだ」が私の口癖です。彼らは予想以上に早く社会参加の準備を始めました。そして、これからどうしたらよいのかとよく質問されます。ショートケアはあくまでもひきこもり生活から脱して、仲間と集い、社会への出発の準備をサポートする場所です。ここまでくれば後は彼ら自身の力が必要です。ショートケアは集団精神療法、レクリエーション療法などと銘打っていますが、治療ではなくあくまでも途中で立ち止まった彼らの成長をはぐくむ成長共同体です。

本著を書き綴っているうちにさらに半年が経過しました。一年半経過した二〇一三年六月時点で、就職したものは四名、復学は五名（内一名：高校）、他大学入学は二名（内一名：編入）、専門学校入学は三名、アルバイトを始めたもの五名（内休学・アルバイト：二名）、家業の手伝い二名、自宅で受験勉強をし進学をめざしているもの一名、そして、自宅で作品制作に熱中している二名となっています。

Ⅳ　ショートケア一年を終わるにあたって

このショートケアに集まってくれた若者は、社会からひきこもりとラベリングされた人です。この章を終わるにあたって、彼らに私からのメッセージを送ります。

挫折

ショートケアで何回か話したフーテンの寅さんは、故郷の葛飾柴又に戻ってきてはなにかと大騒動を起こします。毎回旅先で出会った「マドンナ」に惚れつつも、失恋するか身を引いてしまう。そして、旅（人生）に疲れ、温かい家族のもとに照れくさそうに帰ってくるのですがまた旅に出る。家族や社会から常に距離を置き、アウトサイダーであり続けようとする寅さんの姿は、孤独な生き方と考えられがちですが、実際には素晴らしい人間関係に恵まれています。しかも、心優しい仲間が身近にいることを教えてくれています。「純粋な」人間関係を求めるゆえに、社会の枠にとらわれていません。それでいて、寅さんは社会的枠にとらわれた生き方を批判することはありません。君たちの多くは、ひきこもるまでは受験社会でエリート集団に属していた成功者です。生きるための金を得て、幸せを感じる平凡な生活を送るくらいなら死んだほうがましだと、俗っぽい生活を送ることに嫌悪感すら抱いていたこともあったと思います。しかし今、君たちは学歴社会で挫折した自分を愚かとは考えなくなったと信じています。

働くこと

働かないパラサイト人生に憧れていた（?）君たちが、今、働けないと嘆いています。能力、努力、人脈……そして、運がないと、生きがいを感じる仕事なんて、人生なんて手に入れられないとため息をついていました。確かに、成功者なんて一部の人です。一握りの人に過ぎません。ほとんどの人は私のように過ちを嘆きながら生き、そして死んでゆきます。確かに努力したものが成功するとは限らない、人生は理不尽で不合理なことばかりです。しかし、それに耐えられずに、受け入れられずにひきこもっていることに今、君たちは満足できなくなってきているはずです。君たちもよく知っている有名な哲学者ニーチェの言葉に、「きみのからだは、君の頭脳が知らないことを知っている」との名言があります。私のモットーは、お金は自分の手で稼がなければ自立できたとは言えない、働いてみなければ自分の能力や適性はわからないということです。

私は六六歳になり死を身近に感じるようになりました。それでも私は、私の人生はこれでよかったのだろうか、今までの大学での教員生活は意義があったのか、現在の病院で精神科医として患者を診ていることで、お前は満足して死ねるのかと日々問い続けています。「まだそんなレベルにとどまっているのか、人生なんてつまらないものだよ」と、私をあざ笑う声も少なくなってきたと感じ喜んでいます。

完璧な生き方なんてありえない

マヤ人が訪れた時に君たちに話した天地創造神話を思い出して下さい。

「…ハ・チャック・ユムは男の、そして彼の妻は女の体をまず泥で作った。それから目を焼いた泥で、歯をトウモロコシで作った。男女一対の泥人形ができ上がり、チャク（赤）、エク（黒）、カン（黄）、サック（白）、そしてヤーシュ（青または緑）の五色の絵の具で最後の仕上げをしようとした…」。その時、ハ・チャック・ユム夫妻はすっかり疲れ切っていたので、一度休憩に家に帰ることにしました。ところがそこに、地下界から悪戯をする隙をねらっていた死者の神キシンが、しめしめとやってきて、泥人形を見つけると五色の絵の具を次から次へと塗ってしまいました。作業場に戻ったハ・チャック・ユム夫妻は驚き、キシンを叱り追いやったのですが、泥人形を新たに作り直す気力を失っていました。それで、そのまま泥人形を立ち上がらせることにしました。ハ・チャック・ユムは椰子の葉を一枚とると火を点けました。そして、その火を泥人形の頭上に運び、炎を浴びせると人形が立ち上がった。こうしてマヤ人が誕生しました。

つまり人間は失敗作だというのです。君たちは初めて専門外来を訪れた時、ひきこもりを治す完璧な方法があるのか、素晴らしい生き方をするためにはどうしたらよいのかと私を質問攻めにし困らせました。もちろんそんな治療法や生きる手段などありません。私も人を愛し、憎み、人生の他愛もない成功を喜び、小さな失敗に失望し悩み苦しんできたのです。

再出発

君たちはひきこもり生活を続け苦しんできました。そのひきこもり生活を否定し、なぜ、母親の責任と責め続けるのですか。確かに君たちは同世代のマジョリティの一人として、すんなりと大学に入れませんでした。また、入学しても授業に通えませんでした。それは事実であり、否定できません。その苦しみを経験した君たちがなぜ、不登校を母親の責任と考えるのですか。三年以上もひきこもり、孤独に対峙した君のエネルギーをなぜ、母親の攻撃のみに向けるのですか。

苦しみと向かい合った状況を肯定し、ひきこもり生活が最悪の状態であっても、その状況を生き抜いてきたのは自分だと認めなければいけません。目をそらしてはいけない。孤独に耐えてきた君には、その力があるはずです。一流大学に入り、大企業に一足先に入ってあくせく働く、同世代の若者の普通の生活に君たちが満足できるなら、大学を卒業しているはずです。そんな姿を心から受け入れることができなかったのだと思います。君たちは普通とは違った生き方を追求する可能性をもっています。

●…コラム

開かれた扉

日下草一

宮西先生との出会いは、たぶん二〇一一年の年末頃だと記憶しています。

時期が曖昧なのは、私が小説を書き出した頃が二〇一一年の年末辺りだったからで、執筆できるほど気分が回復していましたから、それくらいかと。

以前担当してくださっていた先生が転勤となり、宮西先生に代わりました。

それまでは体がだるく、好きだったパソコンを起動させるのも億劫なぐらい無気力でした。また希死念慮が強く、死にたい死にたいとばかり考えていました。

でも宮西先生のおかげで気力を取り戻し、小説の執筆ができるようになったのです。

執筆自体は、ネットのコミュニティで漫画原作などを投稿したこともあり、また寡作ながら超短編も手がけていました。

それから数年間のブランクを経て、また書けるようになったのです。

ショートケアに参加するきっかけも小説でした。

宮西先生に小説を書いていることをお伝えすると、読んでみたいと言われまして、当時過去作品のリライトをして文芸コミュニティに投稿していたものをまとめ、プリントアウトしお見せしたのです。

宮西先生はそのうちの「ささやかな怪談」という夏をテーマにした連作超短編の一編「かき氷機（第3章に掲載）」の描写を大層お気に召したようで、それは今でも褒められるほどです。

宮西先生は、若者たちが集まっているので、他の人たちにも読んでもらわないかというようなことをおっしゃり、あまり気が進まなかったものの、作品を褒められたことが嬉しかったので承諾しました。

そこで初めてショートケアにおもむいたのです。

その時はまだショートケアには専用の部屋はなく、会議室みたいなところに集まっていました。

正直、人が多いことに恐れをいだいていたのですが居心地は悪くなく、プリントアウトして配られた小説に気恥ずかしくはあったものの、毎週火曜日にはショートケアに参加するようになったのです。

それまでにもデイケアなど見学したことがあったのに、なぜショートケアに参加する気になったのか。

おそらく宮西先生が小説を読んでくださるからだと思いま

す。

私は毎週、ショートケアのミーティングのお題をテーマにして小説を執筆しました。

ネットでも感想は貰えるものの、やはり生で聞く方が何倍も嬉しかったのです。

宮西先生からすると、お題をテーマにしたことで「かき氷機」にみられたような幻想性が失われ、現実的になったのは残念だということらしいですが。

二〇一二年の一年間は、母は仕事があるために送迎は火曜日しかできず、週一での参加ばかりでした。

二〇一三年も春までは週一参加が続いたのですが、ショートケアから派生した自助グループ・フロイントの会の会報——表面はショートケアに関する記事、裏面は連載小説を、自主的に製作し始め、記事のネタに困って来たので、行事の豊富な金曜日にも参加するようになったのです。

もちろん母は送迎ができないのでバスで通うことになりました。最初は緊張して、無事に降りられるかとか、お金を払えるかだとかを心配し、不安でした。

今でもまだ、降車ボタンを押したのに停留所を通り過ぎたり、アナウンスがずれたりなど予想外のことが起きますので気が抜けません。

またショートケアに通う動機に、小説だけでなく、将棋やチェスなどのボードゲームをするという目的も生まれ、対局するのが楽しみとなりました。

もともと、将棋やチェス、囲碁のセットを所有していたものの、ひきこもりに対局する機会なとなく、宝の持ち腐れでしたが、ショートケアに持ち込んだ今は活躍しています。

私にとって、小説や、のちの将棋などは一種の行動療法になっていたのかもしれません。無目的ではショートケアに参加していなかったでしょう。私にとって小説は閉じられていた扉を開けるための鍵となり得たのです。

今後はどうなるかまだ先は見えていませんが、閉じこもっていた殻を後にして前向きに歩んで行きたいと思います。

第4章　ひきこもりの長期化とネット依存

Ⅰ　ひきこもりとネット依存

1. ひきこもり外来に相談に来ることが多くなったネット依存の若者

ある日、二一歳の若者の母親が表情を暗くして訴え始めました。子どもは高校二年生の時に不登校になったそうです。カウンセラーに相談すると、ゆっくり待ちましょうと言われました。それで学校に行くように働きかけずに様子を見ていたところ、一向に学校に行く気配を見せませんでした。最初の半年間は土曜や日曜日に食事に誘うと、家族と外食に出かけていたのですが、そのうちにコンピューターの前に座ったきりで親と話もしなくなりました。そして、学校をどうしようかと訊くと、興奮して怒るようになったということです。

最近、こういった相談が増加しました。学校に行かないどころか、子どもはパソコンの前から動かなくなり、母親は命じられるままに食事を運び、運動不足から肥満になり、また散髪に行かず風呂に入らないことから髪は腰まで伸び、皮膚疾患に苦しむといったことが普通にみられるようになりました。日本では、携帯とインターネットは九〇年代半ばに急速に普及し、それと並行してひきこもりの長期化が社会問題化してきました。

すでに述べましたが、二〇〇〇年以降にはネット依存傾向の高いリアリティ逆転タイプのひきこもる学生の増加が目立ってきています。そして、ひきこもりとネット依存の関係が注目され研究がなされるようになり、ネット依存傾向はひきこもりとの関係が深い、うつ状態や人間関係の希薄さと関係するなど数多くの報告がなされるようになりました。ネット依存傾向が社会的ひきこもりの原因か、あるいは結果かの論議はともかく、若者のネット依存指向は着実に日本で増加しています。幸いにも、日本では死亡するケースはまだ報告されていませんが、韓国や中国では長時間眠らず食べずにネットに夢中になり、慢性疲労から心臓麻痺で死亡するケースが生じ社会問題化しています。しかし、日本でもパソコンの前から離れない息子に怒った父親がネットのコードを切断し、逆上した息子に殺されたという不幸な事件が生じました。インターネットは現代社会に不可欠なツールであるため、避けるわけにはいかないにもかかわらず、ネット依存症の対策が遅れているというのが現状です。

2. ひきこもりとネット依存の現状

最近ようやくネット依存の実態の把握や国際的な診断基準の確立のための努力が払われるようになりました。日本でも厚生労働省が二〇〇八年に調査し、二七一万人にインターネット問題使用があることが推測され、思春期から若年成人に多いと報告しています。現在、ネット依存傾向の調査では一般的に、ヤングのインターネット中毒度テストが用いられています。

日本の大学生を対象とした調査で、二〇一〇年に宮田はヤングのインターネット中毒尺度で〇〜二点が七五％、五点以上が七％とネット依存度の高い学生が少ない、健康的なネット使用をしていることを指摘しています。さらに、和歌山大学で私の講義の受講生四〇一名を対象とした調査でも、ネット平均使用時間は二、二九時間、そして、ネット最高使用時間は七、九三時間と、現在の大学生では非常に健康的なネット使用をしていることがわかりました。

しかし、最近の日本の高校生を対象とした調査で、約二割の生徒にネット依存傾向を認めるとの報告がなされているように、若者におけるネット依存は急速に拡大し、しかも低年齢化していることは見過ごせない事実です。そして、

表　ヤングによるインターネット中毒度テスト

中毒の度合いを評価するために、次の五段階で質問に答えてください。

1＝まったくない
2＝めったにない
3＝ときどきある
4＝たびたびある
5＝つねにそうだ

1．思っていたよりも長くオンラインにいた経験はあるか？
2．オンラインで長く過ごしたために、家事をおろそかにしたことはあるか？
3．パートナーと仲良くするより、インターネットで得られる刺激のほうを求めることがあるか？
4．オンラインで新しく知りあいを作ることがあるか？
5．周囲の誰かに、あなたがオンラインで過ごす時間について文句を言われたことがあるか？
6．オンラインで費やす時間のせいで、学校の成績や勉強に悪影響が出ているか？
7．ほかにしなくてはいけないことがあるときに、電子メールをチェックするか？
8．インターネットが原因で、仕事の能率や成果に悪影響を与えているか？
9．オンラインで何をしているかと聞かれたとき、自己弁護をしたり、秘密主義になったりするか？
10．インターネットで楽しむことを考えて、現実の生活の問題を頭から閉めだそうとすることがあるか？
11．次にオンラインにアクセスするのを楽しみにしている自分を意識することがあるか？
12．インターネットのない生活は退屈で、空しく、わびしいだろうと、不安に思うことがあるか？
13．オンラインにアクセスしている最中に誰かに中断された場合、ぶっきらぼうに言い返したり、わめいたり、いらいらしたりするか？
14．深夜にログインするために、睡眠不足になることがあるか？
15．オフラインにいるときにインターネットのことを考えてぼんやりとしたり、オンラインにいることを空想したりするか？
16．オンラインにいるときに「あと2、3分だけ」と言い訳するか？
17．オンラインにいる時間を短くしようと試して失敗したことがあるか？
18．どれだけ長くオンラインにいたのかを人に隠そうとするか？
19．ほかの人と出かける代わりに、もっと長い時間をオンラインで過ごすほうを選んだことがあるか？
20．オフラインにいると気分が落ち込み、機嫌が悪くなって、イライラするが、オンラインに戻るとすぐに払拭できるという経験があるか？

それぞれの回答で選択した番号の数を合計して得点を算出する。得点が高いほど中毒の度合いが強い。

以下は、得点を評価する一般的な尺度として参考にしていただきたい。

20～39点　平均的なオンライン・ユーザー。
40～69点　あなたはインターネットが原因となる一般的な問題を経験している。それが生活に与える影響について、よく考える必要がある。
70～100点　あなたのインターネットの使用は、生活に重大な問題をもたらしている。すぐにでも対処しなくてはならない。

（キンバリー・ヤング著　小田嶋由美子訳（1998）『インターネット中毒―まじめな警告です』（毎日新聞社）より転載）

韓国が二〇一一年に小学四年生、中学一年生、そして、高校一年生を対象として行った全国一斉調査では、四、九四％（八九七、五五人）にネット依存の傾向があると報告されています。

二〇一一年一月に、和歌山大学でサポート中の長期不登校学生（アパシー、社会的ひきこもり等）二九名を対象にした予備調査で興味深い結果が出ました。その結果を簡単に述べたいと思います。対象者二九名全員が男子学生でした。そのうちネット依存傾向を認めた学生は一六名（五五、二％）でした。ひきこもり期間は、ネット依存傾向を認めた学生が平均約一三、四カ月、一方、ネット依存傾向を認めなかった学生では平均約四、六カ月と短くなっていました。ひきこもり状態とネット依存の関係をさらに詳しく分析すると、ひきこもり状態となり、その後でネット依存状態となった学生は一〇名で、依存タイプの内訳を見ると、オンライン人間関係が七名、ネットゲームが二名、そして、情報が一名でした。一方、ネット依存からひきこもり状態に至った学生は三名で、ゲーム依存が二名、ネットオークションが一名でした。その他、二名はスロットに、そして、一名がアニメに夢中になっていました。

この予備調査結果から、ひきこもり状態下でネット依存を強めた事例が多く、典型的なネット依存症の事例は、ひきこもる以前からネット依存傾向が認められました。オンラインゲーム型依存事例では、ネット上でのゲーム仲間ができているため、リアルな仲間を求める必要性が少なく自助グループへの導入がより困難であることがわかりました。ひきこもり状態に陥った若者が一人でいる時間の孤独感や傷ついた心を癒す目的でインターネットを使用する傾向が強く、ネット依存傾向はひきこもりの長期化をもたらすと推測されました。そして、ひきこもり外来を訪れる若者においてもこの傾向は変わりません。

これまで社会的ひきこもりの一因がネット依存であるか否か多くの議論がなされていますが、明確な結論は出ていません。日本では、*注4ネット依存は九〇年代に急増した社会的ひきこもりの原因と考えるより、ひきこもりの長期化を可能としたと考えるのが妥当だと思います。しかし、その一方で、二〇〇〇年以後には不登校学生のネット依存傾向が高まり、ネット依存がひきこもりの原因と考えられる韓国型のケースが増加しつつあります。

韓国の調査では、社会的にひきこもる若者ではインターネット嗜癖スコアが健常対照群よりも高く、韓国における社会的ひきこもりに特有の特徴であることを示唆しています。

3. オンラインゲームにはまる理由――よりリアルであること

なぜ、若者たちがゲームに飽きることなく憑かれていくのか。若者たちがショートケアで語っているように、さまざまな理由があげられています。一つは、ゲームにより現実的に見えるような配慮がなされていることです。画像は本物らしく工夫され、実際にある地名や史実が設定され、警察が実際に使っている武器が使用され、ゲームの中での出来事は自分にも起こりそうな身近なもので、キャラクターへの感情移入が容易です。さらに、物語は決まっているのではなく、キャラクターの容姿や性格、ストーリーなど多くの選択肢があるのも魅力の一つです。そして、その選択の結果がキャラクターの成長にどう影響したかがさらに興味を引き、キャラクターとの一体感が高くなるゲームほど若者に人気があります。

＊注４：現在、精神疾患の診断基準としてＩＣＤ‐10の国際分類が広く使われている。今後、この分類でネット依存症は、「精神作用物質使用による精神及び行動の障害」の範疇に入れられることになると思われる。ＤＳＭ‐Ⅴでは「今後検討すべき診断名」として盛り込まれることとなった。一般的な依存症の診断基準は次の通りとなっている。
①耐性が形成されている。②離脱症状がみられる。③はじめの心積もりよりも大量に、またはより長期間、しばしば使用する。④その行為を中止または制限しようとする持続的な欲求または努力の不成功がある。⑤その物質を得るために必要な活動、物質使用、またはその作用からの回復などに費やされる時間が大きい。⑥物質使用のために重要な社会的、職業的、または娯楽的活動を放棄、または減少させている。⑦精神的または身体的問題がその物質によって持続的または反復的に起こり、悪化しているらしいことを知っているにもかかわらず、物質使用を続ける。

ゲームの中で若者は、相手と競争して勝利を得ることを重視します。例えば、競争社会で敗北感を感じているひきこもる若者でも、ゲームの中では勝者となり優越感に浸れるという魅力があります。また、実際の生活の場で仲間を得られない彼らが、オンラインゲームの中でチームを組んで戦うことによって多くの仲間を得ることが可能となります。中でも若者に一番人気があるのは、ＭＭＯ‐ＲＰＧと呼ばれる多人数同時参加型のオンラインゲームです。アメリカの「ウルティマ」、韓国の「リネージュ」、そして、日本では「モンスター・ハンター」が有名です。参加者は自分好みのアバターと呼ばれるキャラクターを作り、リアルタイムで他の参加者のアバターとチャットを通じて仲間となり、共通の敵を倒すことが魅力であると言われます。

最近はスカイプのような手段で、全国、いや世界の仲間と実際に会話を交わしながらゲームを楽しむ若者も多くなりました。スタンフォード大学ニック・イー博士は、多くの人が日常的に他者と繋がりオンラインでロールプレイゲームをするのは、達成感が得られるからであるとしています。

Ⅱ　ネット依存が引き起こす問題

1. ネット依存により生じる精神・身体的問題点

精神面では、イライラ感、不安感や抑うつ症状が強くなり、そして、昼夜逆転などの睡眠障害がよくみられます。身体面では、小食や過食などといったように食事が不規則となり生じる栄養障害や、さらに運動不足から肥満や骨密度の低下、極端な場合は褥瘡まで生じます。また、入浴する時間も惜しんでゲームに没頭するために、頭髪は伸び放題で皮膚疾患に侵されていることも多い。これらの精神と身体の問題から、学校や職場での修学や作業能力の低下ばかりか不登校、退学、そして、就労困難になり失職し家庭にひきこもってしまうことも多くみられます。その結果、社会から孤立し、焦燥感から家族に対する攻撃性が強くなり、家庭内で不和が生じるばかりか、家族にストレスが蓄積し家族自体をうつ状態などに追い込んでしまいます。

これまでネット依存症と合併する障害として報告されているのが、ＡＤＨＤ（注意欠如多動性障害）です。韓国の小学生五三五名を対象とした調査で、ネット嗜癖群でＡＤＨＤが疑われるものは二二、八％、ネット非嗜癖群では八、一％と、ネット嗜癖群でＡＤＨＤが疑われるものが有意に高くなっています。ＡＤＨＤの子どもは、テレビやゲーム、コンピューターに熱中する傾向があります。なぜなら、学校はストレスが多く、要求が厳しく自分の自主性を無視されていると彼らは強く感じているからです。ゲームは彼らを批判することなく自由にプレイさせてくれるという解放感を与えます。特にＡＤＨＤの男の子は他の子どもより、怒りの感情を処理するためにゲームを活用しているとの研究報告があります。

ゲームの有害性ばかりでなく有用性に関する報告も数多くなされています。例えば、ノースウエスタン大学カッセルとアンドレア・タルタロ教授は、仮想の仲間を使い自閉症や関連疾患の子どもにスキルを教える研究をしています。

2. インターネットと犯罪

インターネットの普及に伴い、特に多機能型携帯電話が青少年に普及し始めてからサイバー犯罪が増加し、一九九九年から二〇〇〇年にかけて全国の警察にサイバー犯罪対策部門が設置されました。違法な有害情報を流したり、メールや掲示板を利用しての援助交際への勧誘などさまざまな事件が起こっています。特に、最近ネットを通じてのいじめが社会問題となっています。

菱田等が二〇〇九年に行った、二、四六〇名の中学生を対象とした調査で、四、四％の生徒が年に一～二回のネットいじめを受けたことが明らかにされました。そのうち九一％がオフラインでのいじめを経験しており、その問題の基本的な課題は同質であることを示唆しています。しかし、ネットいじめは今後増加することは間違いなく、匿名性が高いために加害者を特定しにくく、いじめの防止や被害者の保護と心理的なケアがより困難と考えられます。カナダやオーストラリアの調査でもほぼ同じような結果が出ています。

一般的には、ゲームに潜む有害性がよくとり上げられます。例えば、家庭裁判所調査官研修所監修の『重大少年事件の実証的研究』で、単独で殺人を犯した少年に共通する人格的・行動的特徴について述べられています。その一つとして、単独で殺人を犯した少年は、殺人や暴力をテーマとするテレビゲームやホラービデオなどに熱中したり、殺人や自殺の方法を詳細に紹介した書物や、凶器について詳しく解説した書物に傾倒したりしている場合が多くみられたことがとり上げられています。そして、暴力的、攻撃的空想にのめり込む少年には、ひどいいじめや家族関係により傷ついた外傷体験がある場合が多く、そのために現実世界では対人関係を持てず、弱くて空虚な自分をさまざまな場面で思い知らされるため、空想の世界で攻撃的空想にのめり込むことによって、劣等感、弱小感を払拭し、自己イメージを肥大させて万能感を得ようとする傾向があると述べられています。しかし、これらの特徴はインターネットを含めたすべてのゲームに夢中になる若者によくみられることで、短絡的に犯罪と結びつけることに私は疑問を感じます。

3. ネットゲーム中毒と事件

二〇〇二年ごろから、ネットゲームと関係するさまざまな事件が中国と韓国から報告されるようになりました。

二〇〇二年四月二三日に、中国で人民日報日文版がネットゲームプレイ中に興奮死した事件を伝えています。中国江西省・南昌市のネットカフェで、受験を控えた高校三年生が毎日ネットカフェに通いつめ、プレイ中に急死したのです。さらに、韓国でも同年の一〇月九日に韓国光州市のネットカフェで、二四歳の無職男性が八六時間連続ネットゲームして死亡したことが報告されました。二〇〇五年一二月には、仁川・西区のネットカフェで、二〇日間続けてオンラインゲームで遊んでいた三〇歳代の男性が急に倒れ、従業員の通報で病院に運ばれたが一時間後死亡しています。この時の専門家のコメントとして、仁荷大学病院のイ・ジョンソプ精神科長は、「ゲーム世界では、目標達成など即時的な成果が与えられることもあり、脳がエンドルフィンなどを分泌し続け、中毒症状を引き起こす」とし、「実際に機能性MRIで脳検査を行なうと、ゲームの中毒者の脳は、薬物中毒患者に似たパターンを示す」と述べています。

この後、世界各国でネットゲームと関係するさまざまな事件が報告されるようになりました。

二〇〇三年〇一月一三日に、香港のネットカフェで二八歳の男性が六時間連続でネットゲームをしていて意識を失い、病院に収容されたがまもなく死亡。二〇〇五年六月に、台湾のネットカフェでオンラインゲームの対戦相手にキャラクターを殺された若者が、現実の相手を殺害。二〇〇七年一二月に、北京在住の一七歳の少年が、けんかに負けた後、同級生にガソリンをかけて火をつけた。少年は、「オンラインゲーム『World of Warcraft』（WoW）に夢中で、『Fire Mage』［WoWに登場する炎を武器とするキャラ］に変身していた」と語っています。また、同年一二月にロシアで、多人数参加型オンラインゲーム内の対立が現実世界に飛び火して、ロシアの街中で乱闘が起こり、一人が死亡。二〇〇九年四月八日に、広東省深圳市でゲームに夢中になり違法ネットカフェに入り浸っていた一五歳の中学生が突然死。亡くなった少年は日頃からゲームに熱中しており、清明節の連休（今月四～六日。中国のお盆に相当）も、自宅で眠る以外のすべての時間を違法ネットカフェで過ごしていたそうです（晶報）。二〇一〇年一一月一六日に韓国・釜山市で少年（一五歳）が、コンピューターゲームのやりすぎを叱った母親を殺害し、その後自殺したとみられる事件が起きました（AFP）。二〇一〇年一二月三一日には韓国で、オンラインゲームを一二時間遊び続けた少年が死亡。この時、一定の年齢に達してない子どもはネットを利用できない時間を設け、学校から一定範囲にはネットカフェの建設を許さないといった法改正が行われたばかりでした。二〇一〇年一二月に、韓国ソウル、瑞草区・蚕院洞で「二〇代女性無差別殺人」容疑者が事件発生から一〇日あまりで捕まりましたが、容疑者は米国名門大中退生で刃物バトルゲーム中毒になっていたことが明らかになっています。

ネットゲームに関係する事件の報告は、韓国や中国で圧倒的に多くなされていますが、二〇一一年八月三日にはイギリスに住む二〇歳代の男性が友人らとコンピューターゲームで遊んでいる最中に突然倒れ、病院に運ばれたが死亡しています。解剖の結果、男性の死因は肺栓塞によるものであることが明らかとなりました。

今のところ日本では死亡例の報告はありませんが、ネットゲームをし続けた結果として痙攣、肥満、糖尿、皮膚疾患などで病院を受診するケースが増えています。

4. 急がれるネット依存症の治療と対策

韓国では早くから国家的な対策が開始されています。中でも注目されるのは大邱で開始されたオンライゲーム中心の生活から抜け出すためのレスキュー・スクールの設立で、さまざまな取り組みが開始されています。このレスキュー・スクールはこれまで一定の成果を上げている唯一の取り組みです。中学生男子を対象とした一一泊一二日のキャンプで、個人療法に加え芸術療法やスポーツなど私たちのショートケアプログラムとよく似たメニューで実施されています。日本では取り組みが遅く、二〇一一年にアルコール依存症を専門としてきた久里浜医療センターで専門外来、ネット依存デイケア、そして家族会が開始されました。私は、和歌山大学当時にキャンパス・デイケア室を新設して、カードゲームやネットゲームをデイケアに取り入れて、ひきこもっている若者を家庭や下宿から治療の場に誘導する試みを行ってきました。その経験を生かして、病院でもひきこもり専門外来やショートケア開始と同時に、ネット依存に陥った若者の治療を試験的に行っています。

私たちの治療の特徴は、ひきこもりに対する仲間作りや集団療法の経験を活かしたものです。まず専門外来で不安、抑うつ、睡眠の不規則などの二次症状の緩和を目的とした薬物療法や認知行動療法を行います。そして、外来での治療と並行してショートケアでは、リアル（将棋、トランプ等）とバーチャル両方のゲームやスポーツを仲間と楽しむことにより、生の人間関係の構築と衰えた体力の回復に焦点を当てた集団療法を行っています。

中国のネット依存の治療は病院ではなく、私的なネット依存矯正施設の利用が中心となっています。そして、そこでは全寮制で強制的にネットを断ち、軍隊のような厳しい訓練がなされています。

Ⅲ　なぜ、若者はネットに依存するのか

1．夢とヴィジョン、そして、バーチャル・リアリティ

なぜ、ゲームに夢中になるのかをショートケアや外来で若者に訊くと、よくあげられる理由として競争して勝つことやゲームを攻略することが楽しい、友達が得られる、むしろ、ゲームをしないと仲間外れにされる、怒りを発散することができ現実の嫌なことを忘れられる、寂しさを紛らせる、そして、他にすることがないなどの答えが返ってきました。話がそれますが、私が長年フィールド調査を続けているグアテマラ共和国の農村で、貧しくて遊園地で遊ぶことや映画を見たりできない子どもたちが、幻覚キノコを食べ幻覚を楽しんでいる光景に遭遇しました。

子どもたちは、楽しみやスリルを求めてゲームをします。怖いと悲鳴を上げながら何度もジェットコースターに乗りたがり、またホラー映画を見たがる子どもたちは、こういった刺激の追求者です。心理学的に刺激追求は、幼少時代から思春期にかけて強くなり、その後、低下すると言われています。

2．拡大する日本の若者の違法（脱法）ドラッグへの依存

このようにグアテマラの子どもたちは五、六人でグループを作り、幻覚キノコを食べ、現実では叶えられない遊園地での遊びや空中飛行のスリルを楽しむだけでなく、続く内戦で負った心の傷も癒していました。幻覚キノコの集会は仲間意識を高め、内戦や貧困から生じた不信感や猜疑心により、ずたずたに切り裂かれた人間関係を再構築するのに役立っていました。キノコの集会で築かれた連帯感や豊かな森が創造する優しい小鳥のさえずりが、殺人や暴行などで傷ついた子どもたちの心をトラウマから防いでいたのです。もちろん幻覚キノコの使用にはさまざまな危険性が存在します。毎年グアテマラで、幻覚キノコによる中毒死が新聞で報じられています。

一方、日本では最近まで、幻覚キノコなどの幻覚植物が社会問題化することはありませんでした。せいぜい誤って食べ、急性幻覚症状で精神科病院に運ばれるケースが時々報告されるにすぎませんでした。ところがここ二〇年で事情が変わってきました。若者たちの間で、幻覚キノコやサボテンなどが乱用され、そして、これらの植物が法律で規制されて以降、違法ドラッグが流行して社会問題となっています。それではなぜ、現在の若者が幻覚植物の虜となるのでしょうか。もちろん、幻覚植物を聖なる植物として、宗教目的で利用する文化は日本に存在しません。グアテマラの子どもが、内戦や極貧の生活の中で傷ついた心を癒すため、幻覚キノコを使用していたように、第三次薬物乱用期の中心である日本の若者も、傷ついた心を癒すために脱法ドラッグに溺れているように思えます。彼らの心を傷つけている原因を考えることなく、問題の解決はありえません。

3．違法ドラッグの世界的な流行

ＭＤＭＡは通称「エクスタシー」と呼ばれている、覚せい剤とよく似た化学構造式をもっている麻薬です。錠剤の形で流通することが多いため、ＭＤＭＡを含むと期待される錠剤型麻薬のすべてが〝エクスタシー〟と呼ばれています。

欧米では、XTC, X, E, Empathy, Essence, Adam, Clarity, Lover's Speed, hug, beans, love drug, B-bombs, Bens, Cristal, Iboga, Morning shot, Pollutants, Speed for lovers, 等で呼ばれています。

このMDMAは、日本では有名なタレントが乱用し逮捕されたことでよく知られるようになりました。依存性と毒性が強い薬物で、中枢神経刺激剤である覚せい剤と幻覚剤の二つの薬物の作用を併せ持っています。毒性が強いため、私たち医師にとって熟知することが求められる薬物の一つです。この薬物の始まりは、一九一二年にドイツの化学メーカーメルク社により最初に合成されたメチルサフリールアミン（methylsafrylamin）で、製法特許を取得したものの製品化には至りませんでした。

一九七〇年代から一九八〇年代初頭まで主にアメリカで、PTSD（心的外傷後ストレス障害）などの治療目的で使用されていました。一九七八年、当時ダウ・ケミカル社の化学者だったアレクサンダー・サーシャらが『幻覚剤の薬学』を出版して、人間における精神作用を報告して以降、デザイナー・ドラッグ、あるいはレクリエーション・ドラッグと呼ばれ欧米中心に爆発的に流行しました。

現在も麻薬として規制された薬物の組成を少しずつ変えた「違法ドラッグ」が製造され続け、若者間で広く出回り社会問題となっています。

なぜ、若者たちがMDMAなどのソフトな麻薬におぼれるのか。現在の若者が、より幻覚作用の強いLSDなどの幻覚剤やより覚醒作用の強い覚せい剤やコカインよりMDMAなどの違法ドラッグを求めるのは、単に入手の容易さや規制の問題だけではありません。現在の若者には、人間関係の希薄さが生じています。さらに、現実の人間関係で傷ついた若者は、現実社会での人間関係やコミュニケーションを恐れてバーチャルコミュニティを形成し、そこに真の仲間を求め続けています。そしてこの結果、いわゆるリアリティの逆転現象が若者たちに生じているのです。

心理学者のラルフ・メッツナーは、MDMAをエンパソーゲン（empathogen：共感をもたらす）と、そして、ニコールスはエンタクトゲン（entactogens：内面のつながりをもたらす）と呼びました。つまり、現在の若者たちは連帯感や共感を高めるために、ＭＤＭＡを用いているのです。薬物の中枢神経刺激作用を利用してハイになり、精神変容作用により生じたヴィジョンの中にもう一つの新たなリアリティを、現実に求められない理想的な心の絆を求めてＭＤＭＡに溺れてゆきます。若者のＭＤＭＡの乱用は、複雑化した現在社会で閉塞状態にある若者の現実逃避であるとの一言では説明できません。複雑化した現在社会で傷ついた若者の心の痛みを理解し、現実社会で仲間とまず手を触れ合う具体的な手段を提供することなく、若者のネット依存や薬物の問題は解決できないと考えています。

そして、幻覚剤や違法ドラッグによるヴィジョン、そして、バーチャル・リアリティ、いずれにおいてもオンとオフの境界が曖昧化しつつあることが、さまざまな問題を引き起こす根本的な原因であることに間違いないでしょう。

おわりに

私が本書で書いた自慢話を、ごく一部の人は素晴らしい成功者のモデルとして称賛、感動してくれるかもしれませんが、大半のひきこもり経験がある若者たちは己を知らない未熟な大人としてあざ笑うことだろうと思っています。しかし、どうにかこうにか六五歳、人生の終盤まで働き、自分で生活の糧を得て、妻とともに四人の子どもを育ててきました。

ひきこもりの青年たちと同じ二〇代に、私は「マヤ文明の滅亡原因を私の手で解明するのだ」と、理想的な人生設計を描いていました。

しかし、現実はといえば親の泣き落としにあい、贅沢だといわれますが不本意ながら医学部生としての生活を開始しました。すでに書いたように私は高校三年生の時、それまでの体育系から急に文学青年に転向したのです。しかし、浪人したり、退学して文学部に入り考古学をやる勇気はありませんでした。そして、アパシードクターを続けて、和歌山県立医科大学の精神科医として八年が経過した時、幸か不幸か国立和歌山大学に勤務する機会を得ました。あるとき突然、私の恩師である神経精神医学教室の教授から「お前はもっとマヤ学をやりたいのだろう。マヤ学をやるのにうってつけの暇な職場があるから行かないか」との誘惑がありました。医学部の臨床の場で八年、中堅の精神科医となっていた私は日頃の研究や後輩の指導でなかなか思うように海外に出ることができなくなっていました。そして、教授の甘言にのせられて和歌山大学の保健管理センターで、学生たちとの濃厚な生活を開始したのです。

マヤ学、といってもマヤの伝統医学や文化精神医学の研究と称して、学生の夏休み期間を中心にメキシコで長期にわたるフィールド調査を行うことは可能となったものの、閑職とは程遠く、毎日不思議な学生が私の周りにたむろする生活が開始しました。「恩師にダマサレタ」と後悔したのは後の祭りでした。自己実現を求める自分を偽りながら、そして、考古学や歴史学の基礎や技術をもたない限界を感じながらも、妥協し、思春期精神医学を本務としながらマヤの宗教儀礼や精神世界の解明に没頭していったのです。

最初の一〇年は、希少価値からマヤ学の専門家としてそれなりに注目され、成功者としての名声を得ました。しかし、「目標」には程遠く、不達成感に悶々と心を痛め続けました。大学教員という社会的評価のある地位や、経済的、家庭的に安定した生活を捨ててまで、理想であるマヤ学の世界での自己実現に足を踏み出せませんでした。そうこうするうちに、日常の仕事現場で唯一興味をもったアパシーやひきこもりが世の注目を浴びるようになりました。ここでも大した決断もなく、私の仕事の中心はひきこもり研究やそのひきこもり回復支援活動にシフトしてゆきました。そして、幸運なことにある程度の成功を収めました。

二〇代の理想と夢見た仕事からますます距離は広がる一方でしたが、あえて私はそれを拒もうとしませんでした。流れに任せたというか、安易に社会的に注目される仕事にシフトしただけだったのかもしれません。これが私の自己確立期の姿です。ひきこもる青年たちがこだわるような一大決心や特別な努力をしたわけではありません。

老い先短い私は、今考えるとショートケアで若者たちの元気を得ていたと思います。病院でのショートケアやひきこもり専門外来での若者との対話は、医師にこだわらず自分を出せた唯一の時間と場であったような気がします。治療やケアと称した目的にこだわることなく、諸君を失望させながらダジャレを楽しみ、すっかり忘れていた人生論を語ることができました。

カント君が毎日もってくる短編小説、ブラックユーモアに富んだ中也君の切り絵やイラスト——老化した頭の鈍い回転に悪戦苦闘しながら、彼らの作品を必死に理解しようとしました。哲学青年やネトゲ青年など多くの素晴らしい若者と、悩める彼らと共に「生きる」時間と場を共有することができたように思います。未来へと流れる時間の限られた老いた私、逆に過去に逆行する時間にとらわれていたひきこもる傾向の強い彼らと、直線的な時間の流れから解放された豊かな時と場を共有できたことを感謝しています。

本書のほとんどは自宅から勤務先の病院までの電車の中で書いたものです。そのため整理するのに、第一稿を書いてから一年が経過してしまいました。その間、岩崎学術出版社の小寺美都子氏に本当に気長く貴重な意見をいただき、ようやく一冊の書としてまとめることが可能となりました。それにもかかわらず、アウトリーチをテーマにと意気込んで書き始めた本書が、ショートケアや集団精神療法が中心になってしまいました。氏の寛大さに感謝の意を表してあとがきにしたいと思います。

荒ぶる冬の海を、暗闇にすっかり包まれるまで、妻と二人で眺めながら

二〇一四年一一月

宮西照夫

12(1); 54-63, 2013.
豊田恵子，飯田　愛：二次障害を持つ自閉症スペクトラム障害の青年を対象とした集団精神療法．精神科治療学，28(2); 207-215，2011.
Yalom ID, Vinogradov S：Concise Guide to Group Psychotherapy. American Psychiatric Press, Washington DC, 1989.

第4章

Gardnaer W, Murphy M：The PSC-17: A brief pediatric symptom checklist with psychological problem subscales. Ambulatory Child Health, 5: 225-236, 1999.
家庭裁判所調査官研究所監修：重大少年事件の実証的研究．司法協会，2001.
宮西照夫：神が与えた植物——幻覚発動性植物の有用性と危険性．（武井秀夫，中牧弘允編）サイケデリックスと文化——臨床とフィールドから．春秋社，2002.
Miyanishi T：Studies on school absence students at Wakayama University.「Why does a Japanese young man stay indoors without communicating with another person?」, 朝日・大学パートナーズシンポジウム報告書，和歌山大学，2010.
Nichols DE：Differences between the mechanism of action of MDMA, MBDB, and the classic hallucinogens. Identification of a new therapeutic class: entactogens. J Psychoactive Drugs, 18(4): 305-13, 1986.
Shulgin A, Shulgin A：Pihkal: A Chemical Love Story. Transform Press, 1991.
Tartaro A, Cassel J：Using virtual peer technology as an intervention for children with autism. In Lazar J (ed.) Universal Usability: Designing Computer Interfaces for Diverse User Populations. pp.231-262, Wiley, 2007.
Yee N：Motivation of play in online game. Cyber Psychology and Behavior, 9: 772-75, 2006.
Yoo HJ, Cho SC, Ha J, et al.：Attention deficit hyperactivity symptoms and internet addiction. Psychiatry and Clinical Neurosciences, 58(5); 487-494, 2004.
Young KS：Caught in the Net: How to Recognize the Signs of Internet Addiction--and a Winning Strategy for Recovery. John Wiley & Sons, Inc, 1998.（小田嶋由美子訳：インターネット中毒——まじめな警告です．毎日新聞社，1998）
Young SL：Home visiting program for detecting, evaluating and treating socially withdrawn youth in Korea. "Why does a Japanese young man stay indoors without communicating with another paerson?" 朝日・大学パートナーズシンポジウム報告書，和歌山大学，2010.

参考図書・文献

第１章

Gardner AR, Gardner AJ：Self-mutilation, obsessionality and narcissism. Brit J Psychiat 127: 127, 1975.

笠原　嘉：思春期の精神病理と治療，岩崎学術出版社，1978.

笠原　嘉：無気力状態の精神病理学への一寄与――「退却神経症」あるいは「退却反応」の提唱．北陸神経精神医学，3(1): 1-8，1989.

宮西照夫：大学生の不登校とひきこもり．（国立大学法人保健管理施設協議会監修）学生と健康．南江堂，pp.150-152, 2011.

宮西照夫：ひきこもりと大学生．学苑社，2011.

宮西照夫：和歌山大学におけるメンタルサポートシステム．精神医学，56 (5): 391-397, 2014.

西園昌久，安岡　誉：手首自傷症候群．臨床精神医学，8: 1309-1315, 1979.

Walters PAJ：Student apathy. In Blaine GB, McArthur CC (eds.), Emotional Problem of the Student. Appelton-Century-Craft, Ney York, 1961.（笠原　嘉，岡本重慶訳：学生のアパシー．石井完一郎他（監訳）学生の情緒問題．文光堂，pp.106-120，1975）

第２章

阿部隆明：未熟型うつ病と双極スペクトラム――気分障害の包括的理解に向けて．金剛出版，2011.

Hirshfeid RM, Lewis L, Vomik LA：Perception and impact of bipolar disorder. J Clin Psychiatry, 64: 161-74, 2003.

Harlow HF, Harlow MK：Effects of various mother-infant relationships on rhesus monkey behaviors. In Foss BM (ed.) Determinants of Infant Behavior (Vol.4). London, Methuen, 1969.

加藤　敏：現在日本におけるうつ病・双極性障害の諸病態――職場関連の気分障碍に焦点をあてて．精神経誌，114(7); 844-856，2012.

松浪克文，上瀬大樹：現代型うつ病．精神療法，32(3); 308-317, 2006.

宮西照夫，池田温子，畑山悦子，塩谷昭子：社会的ひきこもりに対するメンタルサポーター・アミーゴの派遣効果．全国大学メンタルヘルス研究会報告書，27; 19-22, 2005.

宮西照夫：心の健康支援に対する自助グループ（アミーゴ）の現状と展望．平成20年度文部科学省学術フロンティア研究成果報告書，2009

宮西照夫：和歌山大学におけるひきこもり支援プロジェクトとその効果．第26回全国メンタルヘルス研究会誌，2005.

Miyanishi T：Effect of a systematic support program on apathy and social withdrawal students at wakayama university, chaging world. 19 World Congress of World Association for Social Psychiatry, 2007.

野村総一郎：うつ病の真実．日本評論社，2008.

第３章

藤原みどり：たよりない時間――アール・ブリュットの制作現場から．こころと文化，

新型うつ病　47
スキーマ　33
スチューデント・アパシー　19-21, 29, 31, 48, 67, 68, 178
精神保健福祉士（PSW）　82, 99, 100, 102
成長共同体　4, 152
青年期前期　26
赤面恐怖　17
セロトニン・ノルアドレナリン再取り込み阻害薬（SNRI）　73
選択的セロトニン再取り込み阻害薬（SSRI）　72-74
双極性障害との鑑別　50
ソーシャルスキル　24, 37, 67, 69, 79

た～は行

対人恐怖　16
通過儀礼　135
統合失調症　41-44, 50, 52, 60, 75, 101, 179
　―との鑑別　43, 44
内因性うつ病　49
認知行動療法　33
ネットカフェ　165
バーチャル・リアリティ　168
発達障害　37, 41-47
　―との鑑別　44-46
PTSD（心的外傷後ストレス障害）　170
ひきこもり専門外来　31-35, 37, 42, 51, 85, 103, 104, 167, 174, 178
不安障害との鑑別　46
不安耐性　66, 71, 103
不登校　14, 18, 19, 21, 25, 29, 32, 38, 40, 53, 54, 56, 61-63, 66, 67, 71, 80, 81, 84, 86, 87, 89, 90, 94, 99, 104-109, 141, 145, 148, 155, 158, 161, 163, 177
フロイントの会　85
文化結合症候群　47, 65
分離不安　67
ボウルビィ　70
ボランティア体験　92, 93
母子分離　23, 67, 71

ま～わ行

未熟型うつ病　48
ミンコフスキー　44
メランコリー親和型　49
メランコリー親和性性格　49
メンタルサポーター　23, 32, 33, 36, 37, 51-57, 59, 61, 63, 66, 72, 78, 82-84, 86, 89, 93-100, 102, 103, 127, 148, 150, 177
メンタルヘルス研修会　89, 90
薬物療法　71-75
ヤング　159
陽性症状　43
リストカット　24, 27, 103
レクリエーション療法　101
レスキュー・スクール　167
老賢人会　83
ロールプレイング　76
ロジャーズ　52
若者自立支援センター　40

索　引

あ行

アール・ブリュット　76
愛着理論　69, 70
アイデンティティ　19, 29
アウトリーチ　31, 51-53, 57-59, 175, 179
アミーゴの会　3, 63, 83-88, 95, 104-107, 150
アルバイト体験　93, 94
居場所　82
違法（脱法）ドラッグ　169
陰性症状　43
インターネット中毒度テスト　160
うつ病との鑑別　47-50
ウォルターズ　19
ADHD（注意欠如多動性障害）　164
SST　76
MDMA　169
LSD　170
オンラインゲーム　162

か行

回避性パーソナリティ障害　47
過干渉　22, 23, 66, 67, 78, 103
覚せい剤　169
家族療法　33, 37, 58, 67, 77 79
家庭内暴力　27-29, 38, 39, 43, 59-61, 75, 78, 104
過保護　23, 49, 66, 67, 71, 78, 103
キャンパス・デイケア　46, 86, 167
共感　65
恐怖症性障害　16
芸術療法　76
幻覚キノコ　169
抗うつ薬　72
高校卒業程度認定試験（高認）　39
抗精神病薬　75
行動化　15, 26-29
抗不安薬　74
コカイン　170
個人精神療法　33, 37, 58, 62, 65-75, 101
コミュニケーション能力　33, 37, 66, 76, 101, 102

さ行

サイバー犯罪　164
挫折体験　48, 65, 96
自己愛　29
思春期やせ症　24
自助グループ　20, 32, 37, 51, 63, 83, 85, 90, 95, 96, 102, 132, 152, 157, 161
視線恐怖　15, 16
実存的不安　15
自動思考　35
自閉症スペクトラム障害（ASD）　44-46, 102, 176
社会的成熟度　21, 66-69
社会不安障害　47, 113, 114
醜形恐怖　17
集団精神療法　4, 33-35, 37, 68, 76, 82, 101-103, 109, 152, 175, 176, 179
就労支援　40
循環気質　49
障害者職業センター　40
少年期　13, 14, 24, 26
ショートケア　28, 31-40, 42, 44-46, 51, 52, 68, 76, 78, 80, 82, 83, 85, 91, 93, 95-97, 99, 101-155, 162, 167, 168, 174, 175, 178
—プログラム　102, 103
ジョブカフェ　93
ジョブコーチ　46
パーソナリティ障害との鑑別　46

【著者紹介】

宮西照夫（みやにし・てるお）

1948年和歌山県生まれ。
1973年和歌山県立医科大学卒業。精神医学専攻。医学博士（医学）。和歌山大学保健管理センター所長・教授，評議員を経て名誉教授。
1982年よりスチューデント・アパシーや社会的ひきこもりの実践研究を続ける。
2002年より和歌山大学ひきこもり回復支援プロジェクトを開始。
2012年より紀の川病院副院長兼ひきこもり研究センター長。ひきこもり専門外来やショートケアを実施中。
主な著書：
『マヤ人の精神世界への旅』（大阪書籍，1985）
『文化精神医学序説——病い・物語・民族誌』（編著・金剛出版，2001）
『風 エル·ヴィエント——内戦の傷跡を深く残すマヤ人の集落を訪ねて』（クリエイツかもがわ，2005）
『ひきこもりと大学生——和歌山大学ひきこもり回復支援プログラムの実践』（学苑社，2011），他。

実践 ひきこもり回復支援プログラム
アウトリーチ型支援と集団精神療法

ISBN978-4-7533-1086-9

著者
宮西 照夫

2014年11月29日 第1刷発行

印刷・製本 (株) 太平印刷社

発行所 (株) 岩崎学術出版社 〒112-0005 東京都文京区水道1-9-2
発行者 村上 学
電話 03 (5805) 6623 FAX 03 (3816) 5123